남아프리카공화국 지도

크루거국립공원

필랜즈버그 국립공권

블라이드 리버 캐니언

선시티

프리토리아

요하네스버그

세인트루시아 습지공원

모할레 댐

마세루   사니 패스

레소토

더반

남아프리카공화국

케이프타운

나이스나

스텔렌보쉬

포트 엘리자베스

조지

희망봉

보츠와나

모잠비크

나미비아

스와질랜드

아프리카 보물상자

남아프리카공화국, 레소토, 스와질랜드

펴낸날   초판 1쇄 2017년 11월 30일

지은이   김후영
펴낸이   서용순
펴낸곳   이지출판

출판등록   1997년 9월 10일 제300-2005-156호
주 소   03131 서울시 종로구 율곡로6길 36 월드오피스텔 903호
대표전화   02-743-7661 팩스 02-743-7621
이메일   easy7661@naver.com
디자인   박성현
인 쇄   (주)꽃피는청춘

ⓒ 2017 김후영

값 18,000원

ISBN 979-11-5555-081-6   03930

※ 잘못 만들어진 책은 바꿔 드립니다.

이 도서의 국립중앙도서관 출판예정도서목록(CIP)은 서지정보유통지원시스템 홈페이지(http://seoji.nl.go.kr)와
국가자료공동목록시스템(http://www.nl.go.kr/kolisnet)에서 이용하실 수 있습니다.
(CIP제어번호: CIP2017031938)

이 책은 한국출판문화산업진흥원의 출판콘텐츠 창작자금을 지원받아 제작되었습니다.

아프리카
보물상자

남아프리카공화국
레소토, 스와질랜드

김후영 지음

이지출판

남아공이 매력적인 이유 _____

　20여 년 동안 스무 번 가까이 아프리카를 여행했다. 아프리카 55개국 중 절반이 넘는 25개 나라를 다녀왔다. 여행전문가인 나에게 아프리카 여행은 필연이자 세계여행의 핵심이라 생각한다.

　세계 곳곳을 여행했지만 아프리카만큼 힘든 곳은 없다. 물론 남태평양의 섬나라에도 열악한 곳이 많다. 하지만 아프리카 여행이 훨씬 힘들다. 특히 서아프리카 지역이 그렇다. 사하라 사막의 경우 40도가 넘는 무더위와 사투를 벌여야 한다. 사하라 인근에 있는 나라들은 세계 최빈국이어서 교통은 물론 잠자리, 먹거리 모두 최악이다. 하지만 이런 곳들을 두어 번 여행하면서 아프리카 여행의 진정한 의미를 깨달았다.

　거기에 비하면 남아공 여행은 쉽고 편리하다. 숙박시설도 좋고 먹거리도 풍부하다. 교통도 편리하다. 이러한 연유로 아프리카 여행을 처음 시도하는 여행자들이 가장 많이 선택하는 나라가 바로 남아공이다.

　남아공에는 숨어 있는 명소가 많다. 특히 대자연과의 만남, 야생동물과의 조우를 원하는 여행자라면 이름 없는 관광지에서도 만족스러운 여정을 느낄 수 있을 것이다. 남아공의 대표적인 도시는 국제적 관문인 요하네스버그, 아프리카 대륙의 끄트머리에 놓인 케이프타운, 아름다운 해변을 지닌 더반, 남아공의 행정수도 프리토리아 등이 있다. 치안 문제만 조금 조심한다면 이 도시들에 꼭 가보라고 추천하고 싶다. 이곳을 그냥 지나쳐 버린다면 남아공 사람들의 소소한 도시생활을 못 보고 지나치는 것과 같다.

세계에서 가장 위험한 도시라고 불리는 요하네스버그도 위험 요소 없이 둘러볼 수 있다. 이 도시의 모든 구역이 24시간 내내 위험한 것은 아니기 때문이다. 약간의 호기심과 약간의 용기가 있다면 누구나 남아공의 주옥같은 매력을 탐구할 수 있다.

남아공은 아프리카 여행의 정석을 보여 준다. 대자연과 야생동물과의 만남이 있고, 도시와 주변 경관을 통해 아프리카 도시민의 삶과 전통문화를 엿볼 수 있다. 그렇다면 남아공이 다른 아프리카 국가에 비해 더 매력적인 이유는 무엇인가?

남서부에 자리한 케이프타운은 세계에서 가장 아름다운 항구도시로, 이 도시에 우뚝 솟은 테이블 마운틴 위에 오르면 케이프반도 주변의 황홀한 경관을 내려다볼 수 있다. 또 케이프타운에서 하루이틀 머물며 케이프반도의 명소를 속속들이 둘러보면 펭귄과 물개 서식지를 발견할 수 있고, 와인랜드의 와이너리를 비롯해 네덜란드풍의 콜로니얼 타운 등 유러피언 전통을 지닌 멋진 관광지도 만날 수 있다.

그리고 크루거 국립공원, 세인트루시아 습지공원 등은 아프리카에서 가장 안전하게 야생동물 사파리를 즐길 수 있는 곳이다. 아프리카의 주요한 야생동물을 볼 수 있는 데다 멋진 사파리 로지에서 하룻밤 보낼 수 있기에 다른 아프리카에서 즐기는 것보다 좀 더 수월하게 상대적으로 저렴한 비용으로 편리하고 안락한 시설을 이용할 수 있다.

남아공에 가서 이것만은 꼭 해보자

1. 요하네스버그 스퍼SPUR 스테이크 체인 레스토랑에서 안심 스테이크 맛보기
2. 요하네스버그 멜빌 지구에서 백인들이 즐겨 찾는 카페, 레스토랑, 바 둘러보기
3. 요하네스버그보다 활기차고 안전한 프리토리아 시내 중심가 둘러보기
4. 크루거 국립공원 사파리 로지에서 하룻밤 자기
5. 레세디 전통마을에서 민속무용 공연 관람하기
6. 케이프타운 워터프론트 지역 시내 중심가 거닐어 보기
7. 테이블 마운틴 위에 올라가 주변 조망해 보기
8. 캠스 베이 해변에서 해수욕 즐기기
9. 볼더스 비치 인근 펭귄 서식지 가 보기
10. 아프리카 대륙 끝인 희망봉에 가 보기
11. 케이프반도에서 눈부신 해안선을 따라 달려보기

    (단, 남아공에서는 운전대가 오른쪽에 있고 좌측 도로로 주행한다.)

12. 요하네스버그나 케이프타운의 기념품 가게 가보기
13. 스텔렌보쉬 와이너리에 들러 남아공산 와인 맛보기
14. 남아프리카 블라이드 리버 캐니언에서 다양한 아웃도어 액티비티 즐기기
15. 선시티에서 펼쳐지는 다양한 엔터테인먼트 쇼 즐기기
16. 세인트루시아 습지공원에서 보트 타고 다양한 조류와 야생동물 관찰하기
17. 아프리카의 티벳이라 불리는 레소토 고산지대에 사는 현지인 만나보기
18. 드라켄스버그 산악지대를 거쳐 사니 패스 고갯길 올라가 보기

당당하게 남아공 여행하는 방법

인종차별정책으로 오랫동안 국제사회로부터 고립되어 왔던 남아프리카공화국은 1994년 드디어 남아공 역사상 처음으로 흑인 대통령이 당선됨으로써, 이 나라의 다수를 이루고 있는 흑인들의 잃어버린 자유와 권리를 되찾고 민주주의의 기본 틀을 새롭게 확립하기 시작했다. 아프리카에서 가장 아름답고 다양한 자연경관을 지닌 나라 중 하나인 남아프리카공화국은 전 세계가 주목했던 2010년 월드컵 개최지이기도 하다.

요하네스버그는 남아프리카공화국를 대표하는 도시일 뿐 아니라 월드컵의 성대한 개막식과 폐막식이 열렸던 곳이다. 여행자들은 남아공 최대의 금융, 경제 중심지이자 아프리카 대륙의 국제적 관문인 요하네스버그의 알려지지 않은 매력들을 살펴볼 필요가 있다. 케이프타운은 남아공 제2의 도시로 테이블 마운틴과 케이프반도의 희망봉 등 아름다운 산세가 드라마틱한 경관을 이루고 있는 곳이다. 활기찬 케이프타운의 워터프론트 일대 역시 여행자들이 느긋하게 주변을 둘러보기 좋은 곳이다.

이밖에도 남아공의 대자연을 엿보길 원하는 여행자들에게 남아공 최대의 야생동물 보호지역인 크루거 국립공원을 비롯해 음푸말랑가 지방의 블라이드 리버 캐니언, 드라마틱한 산세의 장관을 보여 주는 드라켄스버그, 유네스코 세계자연유산인 그레이터 세인트루시아 습지공원 등지를 추천하고 싶다.

현지 일정 짜기

■ 3일 일정

요하네스버그와 프리토리아 위주 : 첫날 오전에는 요하네스버그 중심가인 뉴타운 지구를 둘러보고 오후에는 멜빌 지구와 샌튼 지구에서 쇼핑이나 식도락을 즐긴다. 둘째 날 넬슨 만델라 뮤지엄 등 소웨토 지구를 둘러본다. 오후에는 몬테 카지노에 들러 화려한 투스카니 스타일의 실내공간을 둘러보고 쇼핑과 저녁식사를 즐긴다. 셋째 날 유니언 빌딩, 처치 스퀘어 등 프리토리아의 주요 명소를 둘러보고 레세디 전통마을을 방문한다.

케이프타운 위주 : 첫날 오전에는 케이프타운 중심가와 워터프론트 지역을 둘러본다. 오후에는 날씨가 좋다면 케이블카를 타고 테이블 마운틴에 올라가본다. 둘째 날 케이프타운 인근의 캠스 베이, 사이먼스타운, 혹스 베이 등지를 둘러본다. 셋째 날 오전에는 케이프반도의 희망봉 주변을 둘러보고 오후에는 스텔렌보쉬를 방문한다.

■ 7일 일정

요하네스버그, 프리토리아, 선시티, 크루거 국립공원 : 처음 3일간은 위와 동일하게 요하네스버그와 프리토리아를 둘러보고 3일 일정으로 선시티 또는 크루거 국립공원을 둘러본다. 선시티에서는 골프, 아웃도어 액티비티, 뮤지컬 공연, 인공 해변에서의 휴식 등을 즐긴다. 크루거 국립공원의 경우 2박을 할 예정이라면 서쪽 게이트 주변의 로지에서 하룻밤 자고 다음 날 남쪽 게이트 주변의 로지에서 보내는 것이 좋다. 남쪽 게이트에 위치한 레오파드 크릭 골프코스에서 라운딩을 즐기는 재미도 잊지 말 것. 크루거 국립공원을 방문할 예정이라면 하루 일정으로 요하네스버그와 크루거 국립공원 사이에 있는 블라이드 리버 캐니언을 잠시 들러 인근 폭포의 자연미를 감상해 보자.

케이프타운과 그 주변 : 케이프타운에서 이틀 보내고 케이프타운을 베이스로 렌터카를 이용해 캠스 베이, 사이먼스타운, 혹스 베이 등 케이프타운 주변의 케이프반도 일대에서 3일의 일정을 보낸다. 마지막날 이틀은 스텔렌보쉬, 팔 등지의 와이너리와 허마너스 등 남서부 해안지대를 방문한다.

■ 2주간 일정

위에서 언급한 일정을 참고하여 요하네스버그에서 2~3일, 레세디 전통마을을 포함해 프리토리아에서 1일, 선시티에서 2~3일, 크루거 국립공원에서 3일, 블라이드 리버 캐니언에서 1~2일 알차게 시간을 보내자. 남은 4~6일은 프리토리아에서 남아공 최고급 럭셔리 열차인 블루트레인을 타고 케이프타운으로 가보자(27시간 소요). 케이프타운에 도착하면 희망봉, 물개섬, 펭귄 서식지인 볼더스 비치, 캠스 베이, 테이블 마운틴 등을 둘러보며 꿈같은 시간을 보낼 수 있다. 시간적 여유가 있다면 스텔렌보쉬 등 케이프타운 근교의 와인랜드를 방문해 보는 것도 좋다. 이동 경로는 요하네스버그-블라이드 리버 캐니언-크루거 국립공원-항공 이동, 요하네스버그 경유-선시티-프리토리아-블루트레인으로 이동-케이프타운

남아공 가는 길

남아공으로 가는 길은 예전에 비해 훨씬 가까워졌다. 아직 직항로는 없지만 남아공항공 (South African Airways)이 홍콩을 경유하여 인천과 요하네스버그를 연결하고 있다. (인천 공항에서 홍콩까지 3시간 반, 홍콩에서 요하네스버그까지 약 13시간 소요된다.) 이밖에 케세이퍼시픽, 에미리트항공 등이 홍콩, 두바이를 경유하여 요하네스버그까지 취항한다. 인천을 출발하여 요하네스버그까지 가는 왕복 항공권의 경우 세금을 포함하여 70~80만 원의 저렴한 가격에 판매하는 경우도 있다. 하지만 일반적인 왕복 항공 요금은 100~120만 원 정도도. 남아공항공을 이용해 남아공을 방문할 경우 아시아나 마일리지를 적립할 수 있다. (남아공항공은 아시아나항공과 함께 스타얼라이언스 그룹)

현지 교통 이용하는 방법

요하네스버그를 중심으로 소웨토나 프리토리아, 레세디 전통마을 방문하려면 택시를 이용하거나 현지 투어에 참여하는 것이 좋다. 선시티나 블라이드 리버 캐니언, 크루거 국립공원은 렌터카를 이용할 수도 있지만, 경우에 따라서는 투어에 참여하는 것이 편리하다. 렌터카를 이용하면 블라이드 리버 캐니언이나 크루거 국립공원 내에서 자유로이 이동할 수 있다. (단 크루거 국립공원 안을 차량으로 혼자 이동할 경우 야생동물 보호 차원에서 방문객들이 차에서 내리는 것을 엄격하게 금지하고 있다.) 택시의 경우 방문객들이 사용하는 일반 교통수단이기도 한데, 소웨토 등지를 4~5시간 정도 둘러보는 데 400~700랜드 정도 비용을 지불해야 한다.

국내 아프리카 전문 여행사 이용하기

한국에서부터 패키지 투어에 참여할 경우 이 책에서 소개한 관광지들을 둘러보는 데 많은 제약이 따를 수 있다. 보다 안전하게 교통수단을 얻으려면 국내 아프리카 전문 여행사를 통해 미리 현지 교통편을 예약해 두는 것이다. 인터아프리카(www.interafrica.co.kr) 등 국내 아프리카 전문 여행사를 통해 공항 픽업 서비스에서부터 남아공의 주요 명소를 둘러보는 교통편,

렌터카 이용, 개인 투어, 한국인 가이드 투어 등을 사전에 예약할 수 있으며, 자신의 스케줄에 맞는 서비스를 받을 수 있다.

렌터카 이용시 주의할 점

남아공을 여행하기에 가장 좋은 교통수단 중 하나는 렌터카를 이용하는 것이다. 단, 한국과는 달리 자동차 핸들이 오른쪽에 있으며 주행시 좌측 통행이다. 경험상 도심 외곽 지역에서의 주행은 비교적 안전하다. 하지만 요하네스버그 시내 등지에서의 운전은 상황에 따라 힘들게 느껴질 수도 있다. (저녁에 요하네스버그 시내 일부 우범 지역에서의 주행은 매우 위험할 수도 있다.) 렌터카를 빌리려면 신용카드와 국제운전면허증이 필요하다. 현재 요하네스버그를 비롯한 남아공의 주요 도시에 있는 공항이나 시내 렌터카 오피스에서 쉽게 대여할 수 있다. 단, 오토매틱 차량은 수량이 많지 않기 때문에 미리 예약해 두는 것이 좋다. 참고로 남아공 휘발유 가격은 1리터 당 8~10랜드 정도로 저렴하다. 렌터카를 대여할 때 내비게이션을 함께 대여하는 게 좋다. 아니면 휴대폰에 MAPS.ME 앱을 설치해 와이파이 없이 GPS를 사용하여 이 앱의 내비게이션 프로그램을 이용해 보자.

치안 및 주의사항

남아프리카공화국의 치안은 그다지 좋지 않은 것으로 알려져 있으나 요하네스버그 일부 도심 구간을 제외하고는 비교적 안전한 편이다. (미리 겁을 먹고 요하네스버그를 일정에서 빼버릴 필요는 없다. 안전지대 위주로 둘러보면 된다.) 요하네스버그에서 안전한 지역은 멜빌, 샌튼, 로즈뱅크, 하이드파크 지역 등이며, 뉴타운의 뮤지엄 아프리카 주변 역시 낮에는 별문제가 없다. 흑인 거주지역이자 역사 지구인 소웨토는 낮에는 비교적 안전하지만, 현지인과 동행하는 것이 좋다. 크루거 국립공원이나 선시티는 치안상태는 좋은 관광지다. 단, 프리토리아는 최근 도심 치안 상태가 예전에 비해 더 나빠졌다. 하지만 큰 도로변을 이용해 대낮에 거니는 것은 괜찮다. 참고로 케이프타운 역시 밤거리는 조심할 필요가 있다. 위험에 대비하여 남아공의 어느 지역이든 밤거리는 홀로 걷는 것을 삼가는 것이 좋다.

요하네스버그의 경우 낮시간에도 혼자 도심 한적한 곳을 거니는 것은 위험하므로 귀중품은 눈에 띄지 않게 하는 것이 좋다. 요하네스버그 국제공항의 경우 승객들의 수하물 분실 사고가 빈번하게 발생하므로 귀중품은 직접 휴대하는 것이 좋다. 또한 남아공에서는 호텔 내 분실 사고도 빈번히 발생한다. 특급 호텔에 머물지라도 객실 안에 현금을 두거나 귀중품을 두고 나올 경우 분실될 가능성이 있으므로 외출시 반드시 소지하도록 하자. 객실 내 개인금고도 사용하지 않는 것이 좋다.

질병

남아프리카공화국 지역은 다른 아프리카 지역과 달리 말라리아 같은 풍토병이 거의 존재하지 않는다. 단, 크루거 국립공원의 일부 지역은 말라리아 위험 지역이다. 따라서 3~4일 일정으로 크루거 국립공원을 방문할 경우 말라리아 예방약을 반드시 먹을 필요는 없지만 최대한 모기에 물리지 않도록 신경 써야 한다. 오한, 구토, 극심한 발열 등 말라리아 증세가 나타났을 경우에는 당장 현지 병원에 가서 처방을 받도록 한다. 말라리아에 걸리지 않기 위해 저녁 시간 이후에 모기에 물리지 않도록 긴 셔츠와 긴 바지를 입도록 하자.

비자

대한민국 여권 소지자의 경우 관광 목적으로 비자 없이 30일간 남아프리카공화국에 체류할 수 있다. 단, 여권 만료 기한이 6개월 이내이어야 하며, 여권에 입국 스탬프를 받을 지면이 최소 두세 장 남아 있어야 한다.

환율 및 환전

남아프리카공화국의 화폐 단위는 랜드(Rand). 1랜드는 약 90원이다. 이는 7~8년 전에 비해 화폐 가치가 50% 이상 폭락했다. 이로 인해 여행자들은 과거보다 더 저렴하게 이 나라를 여행할 수 있다. 하지만 관광지 물가는 올라 여행자들이 느끼는 현지 물가는 과거보다 조금 싼 정도다. 참고로 케이프타운 시내 호스텔 도미토리룸(다인실) 가격은 현재 1인당 1박에 1만 원~1만5천 원 정도다.

남아공 화폐 환전은 요하네스버그 또는 케이프타운 공항이나 도심 곳곳의 환전소 또는 은행에서 할 수 있다. 개인적으로 현지 공항은 환율이 안 좋기 때문에 공항에서 적은 금액을 환전한 뒤 나중에 도심의 환전소나 은행에서 더 좋은 환율로 큰 금액을 환전하는 것이 좋다.

남아공 현지에서 과거에는 달러화보다 유로화를 이용할 경우 환율이 더 좋았으나 유로 화폐 가치의 하락으로 요즘에는 미국 달러화를 가져가서 환전하는 것이 더 유리하다. 국내 KEB 하나은행 을지로 영업점(본점)에서 남아공 통화를 구매할 수 있다.

전압 및 전원

남아공의 전압은 220~250볼트로 220볼트 전용 한국 제품을 사용할 수 있다. 단, 한국에서 가져간 전자제품을 사용하려면 큰 구멍이 세 개 있는 플러그가 별도로 있어야 한다. 일반적인 멀티 플러그의 경우 현지에서의 콘센트(아울렛)와 맞지 않을 수 있다.

추천 여행책자

국내에는 남아프리카공화국의 정보를 다룬 여행 안내 책이 없다. (예전에 〈세계를 간다 아프리카편〉이 있었으나 절판되었다.) 영문으로 된 론리플래닛의 South Africa 편을 추천한다.

추천 앱

앞에서도 언급한 MAPS.ME 앱을 휴대폰 앱스토어, 플레이스토어를 통해 설치하면 와이파이 없이도 자신의 위치를 지도상에서 실시간 파악할 수 있다. (MAPS.ME는 GPS를 사용한 지도 앱으로 인터넷 없이 사용이 편리하다.) 또한 호텔, 레스토랑, 관광명소 등 주변 정보도 지도에 표시되어 있고 GPS를 사용한 내비게이션도 쓸 수 있어 별도로 내비게이션을 대여하지 않아도 이 앱을 유용하게 사용할 수 있다.

남아공 최대 도시
요하네스버그

1886년 금이 발견되면서 많은 사람들이 몰려들어 세운 도시가 바로 요하네스버그다. 오늘날 이곳은 누가 뭐래도 남아공 최대 도시이자 아프리카 최대의 코스모폴리탄이다. 지난 한 세기 동안 끊임없는 성장과 발전을 이뤄 온 이 도시는 도심 중앙에 거대한 마천루의 숲을 만들어 놓았다. 겉모습만 보면 이곳이 아프리카 땅인지 뉴욕 맨해튼의 중심인지 구별이 안 될 정도다.

그런데 수십 년 동안 이 도시에서는 도심 공동화 현상이 벌어졌다. 다시 말해 도심에 살던 사람들이 외곽으로 이주하게 된 것이다. 그로 인해 도심 중앙에는 사람이 별로 살지 않는다. 특히 백인들은 거의 없다. 백인들이 떠난 곳에 도시 부랑자들이나 갈 곳 없는 이주민들이 들어오면서 도심에 빈민가가 형성되었고, 날이 가면서 더욱 확장되었다. 이 때문에 치안이 급격히 악화되기 시작했으며, 요하네스버그는 세계에서 가장 위험한 도시라는 악명 높은 닉네임을 얻게 되었다. 아마 경제가 매일 악화되고 있는 베네수엘라의 수도 카라카스와 쌍벽을 이룰 듯하다.

급기야 요빌Yeoville, 힐브로우Hillbrow 등 요하네스버그 일부 지역은 대낮에도 홀로 걸어다니기 힘들 정도로 위험하다. 하지만 남아공 여행 일정에서 빼놓을 수 없는 곳이 바로 요하네스버그다. 다양한 얼굴의 도시 문화를 가장 잘 볼 수 있는 곳이기 때문이다. 도심 중앙의 뉴타운을 비롯하여 멜빌

요하네스버그 도심 전경

해질 무렵 남아공의 하늘

Melville, 샌튼Sandton, 노우드Norwood 지역은 낮에 걸어다니며 둘러볼 수 있을 정도로 안전한 관광지다.

벌써 10년이 넘은 이야기다. 요하네스버그 공항에 미리 예약해 놓은 한인 민박집 주인이 마중을 나왔다. 그런데 그의 표정이 밝지 않았다. 차 안에서도 말을 하지 않고 엄청난 속도로 운전만 했다. 처음 만난 사람인데 서로 반갑게 인사하고 이야기도 나누는 게 정상인데, 이 사람은 그런 면이 전혀 없는 것처럼 보였다.

그 민박집에서 하룻밤 자고 다음 날 시내 호텔로 숙소를 옮겼다. 나중에 이 민박집을 알선해 준 여행사를 통해 들은 이야기다. 내가 공항에 도착한 그날 밤 이 민박집 주인 차량을 따라오는 현지인들이 있었다는 것이다. 그래서 민박집 주인은 나를 차에 태운 뒤 쫓아오는 현지인들을 따돌리기 위해 전속력을 다해 운전했다는 것이다.

실제로 요하네스버그 국제공항에서는 멋진 정장을 입고 가죽가방을 들고 택시에 올라타는 동양인은 종종 강도의 대상이 된다. 그런 차림의 동양인 비즈니스맨을 뒤따라온 뒤 집이나 호텔 입구에서 권총을 들이대고 현금이나 귀중품을 강탈해 가는 것이다. 물론 배낭여행자나 에스코트 서비스를 받는 일반 관광객들에게는 해당되지 않는 이야기다. 하지만 요하네스버그에서는 귀중품이나 현금 따위를 남 앞에서 보이지 말아야 한다. 너무 겁 먹을 필요도 없지만 사전에 조심하는 것이 좋다.

요하네스버그
뉴타운 지구

요하네스버그 중심가에 위치한 뉴타운은 20세기에 들어서면서 브릭 필즈Brick fields로 알려졌다. 한때 주변에 진흙이 많이 매장되어 있어 벽돌 만드는 산업이 활기찼던 곳이다. 1904년 이 도시에서 전염병이 성행하여 소방대원들이 시내 중심 건물들에 무차별 불을 지르는 바람에, 건물들을 개보수하는 과정에서 브릭 필즈라는 이름 대신 뉴타운이라는 이름을 갖게 되었다.

오늘날 뉴타운 지구는 요하네스버그 중심가에 젊고 활기찬 분위기를 불러일으키는 역할을 하고 있다. 뉴타운 지역은 대낮에는 안심하고 다닐 수 있는 주요 관광지다. 2003년 7월 20일 넬슨 만델라의 85번째 생일을 기념하여 완공된 넬슨 만델라 브릿지Nelson Mandela Bridge, 295m는 이 지역의 새로운 랜드마크다. 2005년에는 뉴타운 지구에 하우텡Gauteng, 요하네스버그가 속한 주 이름 주의 관광청 본부가 들어섰다.

도심 여행의 시작은 뉴타운의 메리 피츠제럴드 광장Mary Fitzgerald Square에서 시작하는 것이 좋다. 새 단장한 이 광장 주변의 극장, 공연장 등에는 뮤지엄, 카페 등이 들어서 있으며 수시로 이벤트가 열린다.

국가반역죄 심판 자료가 있는 뮤지엄 아프리카

요하네스버그에서 단 한 군데 뮤지엄을 추천하라면 뮤지엄 아프리카

'뮤지엄 아프리카' 내부

Museum Africa를 뽑고 싶다. 뉴타운 문화지구의 중심축을 이루는 이곳은 활기찬 브리 스트리트Bree Street의 올드 프루트 마켓Old Fruit Market 안에 들어서 있다.

바로 옆은 마켓 시어터 콤플렉스다. 뮤지엄 아프리카 1층은 지질학 박물관으로 요하네스버그 주변의 지질 자료를 전시해 놓았다. 2층에는 새로운 남아공 시대를 여는 가장 중요한 역사적 사건이었던 1956년의 국가반역죄재판The Treason Trials, 1956~1961에 관한 역사적 자료들이 전시되어 있다. 이 재판은 남아공 인종차별정책에 반발한 156명넬슨 만델라를 포함한 105명의 흑인과 23명의 백인 등을 국가반역죄로 심판한 사건으로 거센 민중의 저항을 초래하였던 사건이다.

당시 이 사건을 주도한 인물은 1955년 남아공 총리직에 올랐던 핸드릭 페르부르트다. 그는 악랄한 인종차별정책을 폈으며 그 결과 넬슨 만델라 등 수많은 흑인 인권운동가를 국가반역죄로 투옥해 버렸다. 결국 대부분의 피고들은 1961년 무죄판결을 받았다.

도시 변천 과정을 보여 주는 3층의 Transformations에는 발전하는 요하네스버그의 시대별 모습이 사진, 도표 등과 함께 전시되어 있다.

실험극단의 공연을 볼 수 있는 곳

요하네스버그의 문화중심지구인 마켓 시어터 콤플렉스는 뮤지엄 아프리카 바로 옆에 있다. 마켓 시어터는 라이브 극장 중에서 가장 중요한 위치를 차지하고 있으며 메인Main 시어터, 라거Laager 시어터, 바니 시몬Barney Simon 시어터 등 세 공연장으로 구성되어 있다. 이 극장에서 코미디, 뮤지컬,

연극 등의 공연 을 볼 수 있다. 종종 온 가족이 함께 즐길 수 있는 뮤지컬 공연이 라거 시어터 무대 위에서 펼쳐진다. 과거에는 디즈니사에서 제작한 정글북 뮤지컬이 이 무대 위에 오르기도 했다.

최신 공연 정보를 얻으려면 남아공 주요 신문 중 하나인 메일 앤 가디언Mail&Guardian의 엔터테인먼트 섹션을 보면 된다. 매주 토요일 오후 1시부터 무료 연극 공연을 펼치는 래버레토리Laboratory라는 실험극단의 공연장도 마켓 시어터 콤플렉스 안에 있다. 그리고 키피스 재즈 인터내셔널Kippie's Jazz International 같은 재즈 음악 공연 무대도 있다. 키피스 재즈 인터내셔널은 남아공 최고의 재즈 밴드들이 예리한 재즈 선율을 선보이는 곳으로 매주 금요일, 토요일 오후 9시 30분에 연주회가 펼쳐진다. 재즈를 좋아하는 여행자라면 이 역사의 슬픔을 지닌 곳에서 흑인들의 애환을 달래는 재즈 음악의 선율에 잠시 귀를 기울여 보는 것도 좋을 듯하다.

마켓 스퀘어의 시장 속으로

뉴타운 브리 스트리트에 있는 마켓 스퀘어는 토요일 오전마다 대형 주차장에서 펼쳐지는 벼룩시장이다. 사실 아프리카를 여행하다 보면 어디서나 노천시장을 만날 수 있다. 벼룩시장이라기보다는 소시민들의 생계를 위한 시장이다. 이곳처럼 벼룩시장이 형성되어 있는 곳은 아프리카에 그리 많지 않다. 그런 점에서 이곳은 특별하다.

마켓 스퀘어는 오히려 여행자나 방문객들을 위한 갖가지 물건, 민예품 등이 주로 등장하는 시장이다. 벼룩시장이 열리지 않는 평일에도 마켓 스퀘어 상점에서는 아프리카 전통 마스크, 세라믹, 페인팅, 의류, 가방류 등을 판매

나무를 깎아 만든 야생동물 조각

한다. 특히 눈에 띄는 물건은 나무를 깎아 만든 코끼리, 기린 등의 야생동물 모형들이다. 도심 풍경과 아프리카 사람들의 라이프 스타일을 그린 유화를 가판대에 진열해 놓은 모습도 볼 수 있다. 컬러풀한 갖가지 장신구도 눈에 띈다.

아프리카 여러 나라를 여행해 보았지만 민예품이나 장신구만큼은 남아공에서 만든 것들이 좀 더 컬러풀하고 세련되었다. 나는 철사를 이용해 만든 전통 문양의 그릇을 두 개 사가지고 왔다. 과자나 과일을 담는 용기로 쓰기에 편리한 것들이다.

좀 더 고상한 아프리카 전통 골동품에 관심이 있다면 도심 북쪽으로 약 60km 떨어진 웰위트치아 컨트리 마켓Welwitschia Country Market에 가보자. 이곳에는 아프리카 전통 골동품으로 가득 찬 40여 개의 옥외 스탠드가 펼쳐져 있다.

사실 마켓 스퀘어는 19세기 말, 20세기 초에 이 도시의 경제를 주도하던 대규모 노천시장이 열리던 곳이었다. 지금은 이름만 남아 있을 뿐 당시의 모습은 오간 데 없지만, 그래도 여행자들을 위한 관광명소로 남아 있어 다행이다. 가끔 마켓 스퀘어의 활기찬 분위기와 함께 거리 악단의 신명 나는 연주를 들을 수도 있다.

마켓 스퀘어의 상점

용기가 필요한
파크 스테이션
주변 걷기

요하네스버그의 중앙역Park Station이 있는 브람폰테인Braamfontein 지구는 여행자들이 요하네스버그에서 다른 도시로 이동하거나 보츠와나, 짐바브웨, 레소토 등 인접국으로 여행할 경우 종종 방문하는 곳이다.

파크 스테이션은 남부 아프리카에서 가장 큰 기차역으로 이곳에는 장거리 대형버스 터미널이 있다. 또한 인근에 장거리 미니버스 터미널이 별도로 있다. 대형버스와 미니버스의 차이점은 같은 목적지라 하더라도 대형버스는 정해진 시간에 출발하고, 미니버스는 승객이 꽉 차야 출발한다. 그리고 대형버스는 파크 스테이션 건물 내에서 출발한다.

하지만 미니버스를 타려면 파크 스테이션 건물을 끼고 도로를 걸어가야 한다. 얼마 전 처음으로 보츠와나로 가는 미니버스를 타기 위해 이곳에 갔을 때, 파크 스테이션에서 미니버스 터미널을 연결하는 거리에 현지 흑인들 외에 다른 인종은 찾아볼 수 없었다. 나는 이미 아프리카 여러 나라를 여행했기에 이곳 거리 풍경에 매우 익숙해 있다. 그래서 여성들도 다니고 낮이어서 씩씩하게 배낭을 메고 10~15분을 걸어 미니버스 터미널에 가서 보츠와나 가는 버스를 탄 적이 있다.

요하네스버그 한 카페에서 만난 흑인 청년

아프리카 여행 경험이 없어도 그리 겁먹을 필요는 없다. 파크 스테이션을 나와 큰길을 따라 미니버스 터미널로 가서 버스를 타면 된다. 길을 잘 찾으려면 MAPS.ME 앱을 스마트폰에 설치하고 수시로 자기 위치를 확인해 보는 것이 좋다. 단, 요하네스버그 중심가에서 비싸 보이는 스마트폰을 현지인들에게 보여 주는 것은 그리 현명하지 않을 수도 있다. 밤이라면 택시를 이용하는 것이 좋다. 밤거리에서는 정말 어떤 일이 일어날지 누구도 장담할 수 없기 때문이다. 다만 도움을 받을 만한 현지인과 함께라면 위험 요소가 크게 줄어들 수 있다.

요하네스버그의
비상구 멜빌

뉴타운에서 북서쪽으로 2km 정도 떨어진 멜빌은 그야말로 요하네스버그 도심 분위기와 전혀 다른 유럽풍 카페촌이다. 이곳에는 수십 개의 레스토랑과 카페, 바, 나이트클럽, 호텔 등이 밀집해 있는데, 낮에는 물론 밤에도 걸어서 화려한 이 일대를 둘러볼 수 있을 만큼 안전하다. 요하네스버그에서 가장 젊은 분위기를 느낄 수 있는 장소로 유명하며, 현지 백인 젊은이들과 외국인들이 즐겨 찾는 다이닝, 드링킹 스폿으로 자리매김한 곳이다.

가장 놀라운 점은, 차를 타고 어둡고 삭막한 요하네스버그 중심가를 지나 멜빌로 들어서자 늦은 밤거리에 백인 젊은이들이 삼삼오오 모여 맥주병을 들고 마시는 광경이었다. 그들의 모습은 런던이나 뉴욕, 시드니에서 보았던 모습과 흡사하였다. 한두 블록 전에는 등골이 오싹할 정도로 인적이 드물었는데, 이곳은 그야말로 별천지였다. 우범지대에서 빠져나온 비상구 같은 곳이라고나 할까?

멜빌은 봄철에 해당하는 10~11월에는 자카란다 나무가 무성한 꽃잎을 떨구며 거리를 온통 보랏빛으로 물들인다. 멜빌이 없다면 아마 요하네스버그는 너무 삭막했을지도 모른다. 이 도시에 너무 주눅든 여행자라면 요하네스버그에서의 첫날을 멜빌의 호스텔이나 호텔에서 머무는 것도 좋다. 멜빌 만큼 안전한 지대도 없으니까. 다행히 멜빌에는 멜빌 인터내셔널 백팩커스 호스텔

▲ 멜빌의 가로수   ▼ 멜빌의 거리 풍경

등 저렴한 호스텔이 몇 군데 있다.

멜빌 지역의 오랜 전통을 느낄 수 있는 숙소로 디 악테르플라스Die Agterplaas 라는 콜로니얼 스타일 빌라를 추천하고 싶다. 재미있는 골동품으로 장식해 놓은 오래된 교실 로비에서 색다른 체험을 할 수 있다. 투숙객들이 직접 요리를 만들어 먹을 수 있는 부엌도 있고, 아침에는 영국식 아침 식사가 제공된다.

멜빌의 캐주얼한 레스토랑과 카페는 앤트 카페Ant Cafe, 소울사Soulsa, 파로스 테이버나Paros Taverna, 모두 7th Street에 위치를 추천한다. 앤트 카페는 보헤미언 스타일의 분위기로 이탈리언 파스타가 유명하고, 소울사는 아웃도어 소파에 앉아 남아공 퓨전 메뉴를 즐길 수 있다. 금요일 밤에 분위기가 좋은 파로스 테이버나는 그리스 음식이나 지중해 메뉴를 맛보기에 좋은 곳이다.

멜빌에서는 다이닝과 나이트 라이프뿐 아니라 다양한 쇼핑도 즐길 수 있다. 재미난 물건이나 빈티지 액세서리 등을 취급하는 정크 숍, 해박한 지식의 바다를 담은 고상한 분위기의 서점 등이 거리에 늘어서 있다. 그밖에도 현지 젊은이들이 즐겨 찾는 개성 넘치는 숍을 쉽게 찾아볼 수 있다.

▲ 멜빌의 어느 카페 내부   ▼ 멜빌의 거리 풍경

남아프라카공화국, 레소토, 스와질랜드 **31**

카페에 앉아 담소를 나누는 백인 여성들

남아공의
백인들

남아공의 인구는 현재 5,500만 명으로 해마다 가파르게 증가하고 있다. 남아공에는 크게 네 종류의 인종이 살고 있는데 흑인, 백인, 컬러드, 인도계 아시아인이다. 흑인들은 주로 동부에 분포해 있고 혼혈인 컬러드는 서부에 밀집해 있다. 백인들은 대도시를 비롯한 일부 지역에 국한되어 거주하고 있다.

전체 인구의 77%를 차지하는 흑인들은 줄루, 소사, 바소토 등이 주요 종족을 이루고 있다. 반면 컬러드와 백인은 각각 11% 정도다. 소수를 이루는 인도계 아시아인은 100만 명 정도다.

컬러드는 초콜릿색 피부를 가진 사람들로 생김새 역시 아프리카 흑인과 좀 다르다. 이들 중에는 19세기나 20세기 초 카리브해 네덜란드령 식민지에서 넘어온 혼혈들도 있고, 케이프 말레이라 불리는 사람도 있다. 케이프 말레이 사람들은 마다가스카르 등지에서도 볼 수 있는데, 원래 인도네시아나 동부 아프리카 등지에서 건너왔으며, 이 중에는 혼혈들이 많다. 그런 이유로 아프리카 원주민에 비해 피부가 덜 시커멓고 눈이 상대적으로 작다. 이들은 영어보다는 아프리칸스Afrikans라는 언어를 주로 사용한다.

남아공 백인들의 조상은 대부분 네덜란드, 독일, 프랑스, 영국 등지다. 남아공의 백인은 크게 두 부류로 나뉜다. 아프리칸스어를 사용하는 그룹과 영어를 사용하는 그룹이다. 근래에 와서 백인 인구는 점차 줄어들고 있다. 그 이유는 출생률이 낮고 유럽 등지로 이민 가는 사람들이 많기 때문이다. 놀라운 것은 남아공의 전체 부를 장악했던 백인 중에 경제 위기와 흑인 정권의 출현으로 경제적 타격을 입고 거지와 부랑자 신세로 전락한 사람들도 적지 않다는 점이다. 불과 20년 전만 해도 볼 수 없었던 백인 거지를 이제는 요하네스버그나 케이프타운, 더반 등지에서 쉽게 볼 수 있다.

내가 남아공 백인을 처음 만난 것은 1995년 미국 여행을 하는 동안이었다. 플로리다 키웨스트라는 곳의 호스텔에서 며칠간 머물렀는데, 그곳에서 남아공에서 온 젊은 친구를 만났다. 그는 일자리를 구하러 왔다고 했다. 가장 기억에 남는 것은 그 친구의 억양이다. 스타카토식의 억양과 액센트가 매우 강했다. 이런 드센 억양은 지역마다 좀 차이가 있지만 남아공의 일부 지역에 사는 백인들에게서 종종 볼 수 있다.

백인 정권이 주도한 아파르트헤이트인종분리정책가 붕괴되고 1994년 최초로 민주선거를 통해 넬슨 만델라가 대통령이 되면서 흑인 정당이 집권당이 되었다. 그 후 남아공의 흑인들은 정치적으로 엄청난 권력을 쥐게 되었는데, 정치적 권력 뒤에는 경제력도 따라오기 마련이다. 점점 정치적 힘을 잃어 가는 백인들은 그들이 수세기 동안 누려 온 부마저 조금씩 잃어 가고 있다. 몇 해 전 보츠와나의 오카방고 델타에서 만난 한 남아공 백인 청년은 할아버지의 돈으로 남부럽지 않게 세계 곳곳을 여행하며 사업을 꿈꾸고 있었다.

남아공을 여행하면서 간혹 이런 생각이 든다. 20~30% 정도의 인구로 나머지 다수를 지배했던 구조에서 벗어나 이제는 소수의 힘없는 약자로 전락해 버린 백인들은 자신들의 처지에 대해 어떻게 생각하고 있을까? 어쩌면 자신들의 처지를 비하해 이민을 선택한 백인들도 꽤 있을 것이다. 물론 이주한 이유 중에는 열악한 치안 문제도 있을 것이다. 하지만 이제는 흑인이건 백인이건 컬러드건 남아공은 하나의 푯대를 향해 나아가야 할 시점이다. 미국이나 유럽의 일부 국가처럼 다인종 사회가 처한 사회적 문제점을 직시하고 슬기롭게 그 해결책을 모색해 나가야 한다.

재미있는 사실 중 하나는 빠져나가는 백인들이 있는 반면 역이민하는 백인들도 있다는 점이다. 남아공으로 이주하는 영국인들이 해마다 늘어나고 있다. 십수 년 전에 20여만 명의 영국인들이 남아공에 거주했다면, 근래에는 50~60만 명이 거주하고 있다고 한다. 치안 문제의 열악함보다 더 나은 교육환경, 아프리카 대자연 속에서 누리는 행복을 중시하는 백인들은 오히려 유럽보다 남아공을 선택하고 있는 셈이다. 이러한 사실만 봐도 이 나라가 얼마나 살기 좋은 나라인지, 역사적 슬픔을 딛고 일어선 사람들이 스스로 척박한 삶의 환경을 개척하며 살아가는 곳인지 알게 된다.

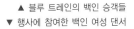

▲ 블루 트레인의 백인 승객들
▼ 행사에 참여한 백인 여성 댄서

▲ 오늘날 일부 도심 거리에서 흑인과 백인이 조화를 이루며 사는 모습을 볼 수 있다.
▼ 세인트루시아 습지공원을 둘러보는 남아공의 백인들

남아공의 역사를 이룬
유럽인들의
발자취

남아공에 처음 도착한 유럽인은 포르투 갈인들이다. 1487년 포르투갈 항해가인 바르톨로뮤 디아스는 오늘날 희망봉이라 불리는 케이프반도 끝자락을 돌면서 그 이름을 카보 다 보아 에스페란사라고 명했는데, '희망봉' 라는 뜻이다. 10년 후 역시 포르투갈 탐험가 바스코 다 가마는 희망봉을 거쳐 남아공의 해안과 모잠비크 해안을 따라 항해하면서 결국 인도까지 가는 항로를 개척했다.

16세기 말 새로운 무역로를 개척하기 위해 혈안이 되어 있던 영국과 네덜 란드 상인들은 남아공의 희망봉을 돌며 무역을 하고 있었는데, 1647년 네덜 란드 상선이 오늘날 케이프타운 테이블 베이에서 난파당하면서 일 년간 이 곳에 요새를 만들고 구조를 기다렸다. 이 사건이 역사적으로 유럽인들이 남 아공 땅에서 가장 먼저 장기간 정착했던 일이다.

이들이 본국으로 돌아간 뒤 네덜란드 동인도회사는 남아공에 새로운 무역 거점을 만들 것을 결정한다. 이로 인해 상당수의 네덜란드인들이 남아공 땅에 유입되고 동인도회사는 노예산업을 교두보로 정착지를 활용했다. 그들은 주로 마다가스카르나 인도네시아 등지에서 데려온 노예들을 이 거점을 거쳐 유럽으 로 데려갔다. 남아공으로 유입된 네덜란드인들은 보어인이라 불리며 점점 거 주지를 확장해 나갔다. 이들은 목장을 만들면서 자급자족하는 라이프 스타일 을 고수하며 살아갔다.

18세기 들어와 네덜란드 상인들의 위세가 꺾이고 영국인들이 해상권을 장악하면서 영국은 남아공의 케이프반도 일대를 차지했다. 라이벌이던 프랑스의 아프리카 식민지화를 저지하기 위함이었다. 네덜란드인들이 그랬던 것처럼 영국인들도 처음에는 케이프반도 일대의 식민지화에 그다지 큰 관심이 없었다. 오히려 전략적인 측면에서 이 일대를 차지하고자 했다.

1820년에는 영국에서 5천 명이 남아공으로 이주했다. 대부분 사업가와 중산층 상인들이었다. 1833년 노예제도가 폐지되면서 영국인과 보어인들은 정착지를 확장해 나가기 시작했다. 특히 영국인들은 케이프반도 일대에서 정착민이 급격히 불어났다. 영국인들이 지경을 넓혀 나가면서 이에 위축된 보어인들도 불만을 품은 채 자신들만의 땅을 찾아 점점 내륙 깊숙히 파고 들어가 정착하기 시작했다. 이로 인해 현지 원주민들과 싸워야 했고 때로는 어려운 협상을 해야만 했다.

보어인들은 새로운 도시를 만들고자 하지 않고 시골에서 독립된 안정을 취하고자 했다는 점에서 영국 정착민과 달랐다. 이는 남아공에 정착했던 보어인들이 지녔던 종교성개신교 신앙과도 연관이 있다.

반면 영국인들은 19세기 중반부터 거대한 사탕수수 농장 건립을 시작했고 부족한 노동력을 메우기 위해 인도로부터 20세기 초까지 15만 명에 달하는 노동자를 데려왔다. 오늘날 남아공에서 볼 수 있는 인도계 주민들은 대부분 당시 노동자들의 후손이다.

보어인들은 트란스발과 오렌지 프리 스테이트라는 두 공화국을 세웠는데, 1869년 킴벌리 일대에서 다이아몬드가 발견되자 이 지역을 자기 땅이라고 주장하게 되었고, 발 빠른 영국은 이 일대를 자신의 영토로 병합함으로써 다이아몬드 산지의 소유권이 더 이상 이슈가 되는 것을 막고자 했다. 영국의 조치에 대해 꼼짝도 하지 못한 공화국의 무력함을 보고 보어인들은 스스로에게 화를 내지 않을 수 없었다.

급기야 1880년 주도권 분쟁으로 오랫동안 앙숙이 된 영국 정착민과 네덜란드계 보어인 사이에 전투가 벌어졌다. 마주바 힐이란 곳에서 벌어진 전투가 보어인들의 승리로 끝나자 영국 정부는 남아공 땅을 식민지화하고 영국 땅에 편입시킬 계획을 세운다. 오랫동안 용감무쌍한 줄루족의 지배지였던 줄루랜드가 1879년 영국에 넘어가게 되고, 요하네스버그 주변에서 금광이 발견되면서 이 도시 인구가 급격히 팽창하게 된다.

그 후 1899년 한 차례 더 영국인과 보어인과의 전투가 벌어지고 잘 준비된 영국인들이 승리를 얻게 되자 주도권은 확실하게 영국으로 넘어가게 되었다. 특히 영국은 남아공의 금광 지대 지배권을 얻게 된다. 이로 인해 영국은 남아공 전 지역의 식민지화에 박차를 가하게 되고, 보어인들은 영국인들이 주도하는 곳으로부터 밀려나 세력을 잃게 된다.

웨스턴 케이프 지방의 와인지대

▲ 유럽풍의 오래된 건물과 현대식 건물이 조화를 이룬 모습   ▼ 대통령 궁전

흑인인권운동의
메카
소웨토

1910년 국가가 탄생한 이후 백인들이 나라의 정치·경제를 다스리게 되었다. 1948년부터 집권한 국민당은 '아파르트헤이트'라는 인종차별정책을 실시하여 다수의 유색인종을 억압하고 그들의 자유를 탄압하면서 백인과 흑인의 삶을 분리시켰다.

이러한 정책은 결국 국제적인 비난으로 이어지고 급기야 남아공이 1961년 영연방에서 탈퇴하는 결과를 가져왔다. 아파르트헤이트는 아프리칸스어로 '분리'라는 뜻이다. 아프리칸스는 오늘날 네덜란드계 백인들의 후손을 지칭하는 말이며, 이들이 오늘날 사용하는 언어를 아프리칸스어라고 한다. 따라서 아프리칸스어는 발음과 문법상 오늘날의 네덜란드어와 매우 흡사하다.

아파르트헤이트는 남아공의 소수 백인들이 정치·경제 등 전반에 걸쳐 권익을 차지하도록 제도화한 차별정책이다. 흑인들은 백인이 거주하는 곳에 머물 수 없고, 백인들이 지정한 곳에 거주해야만 했다. 또한 흑인들은 백인들이 다니는 교회에서 함께 예배를 드릴 수 없으며, 백인들과 한 식탁에 앉아 식사를 할 수도 없었다. 백인 역시 흑인이나 다른 인종과의 성적 접촉이나 간통, 간강미수가 허용되지 않았으며, 이를 어기면 법적 처벌이 따랐다. 궁극적으로 사회 전반에 걸쳐 소수 백인들이 기득권을 가지고 다수 흑인들을 지배하도록 만든 정책이었다.

▲ 소웨토의 거리 풍경　▼ 흑인 거주구역이었던 소웨토

남아공 민주주의의 메카

소웨토가 남아공 민주주의의 메카가 된 이유는 이렇다. 1976년 중학교에서 아프리칸스어를 필수과목으로 채택한 것에 대해 흑인 학생들이 불만을 갖고 평화적인 시위를 벌였는데, 이 시위를 정부가 탄압하자 거센 반항이 일어나기 시작했다. 1만5천 명에 달하는 학생들이 거리에 나와 가두행진을 벌였고, 진압 경찰들은 시위대를 향해 최루탄 가스를 발포했다. 격렬한 투쟁과 과잉진압이 오가는 중에 당시 13세였던 헥터 피터슨이 경찰이 쏜 총에 맞아 숨지게 되었다. 이 사건으로 시위가 소웨토 전 지역으로 확산되어 큰 소요사태가 일어나게 되었으며, 결국 1977년 진정 국면으로 들어서기 전까지 700여 명의 청소년들이 목숨을 잃는 안타까운 상황이 벌어졌다.

이때 사망한 소년을 위한 추모 광장이 소웨토 지구 빌라카지 거리 북쪽에 위치해 있다. 이름도 소년의 이름을 따 헥터 피터슨 광장Hector Pieterson Square이다. 오늘날 세워진 헥터 피터슨 메모리얼Hector Pieterson Memorial은 당시 희생자들을 위한 추모비이며, 그 앞에 자리한 헥터 피터슨 뮤지엄은 당시 격렬했던 투쟁 모습을 보여 주며 소웨토 주민들의 그동안의 생활상을 알리는 역할을 하고 있다.

헥터 피터슨 메모리얼에서 남쪽으로 조금 떨어진 곳에 아파르트헤이트에 대항한 인권운동가들의 본부 역할을 한 레기나 문디 교회Regina Mundi Church가 있다. 오늘날에도 교회 중앙 제단 오른쪽 천장 위에는 당시 경찰들이 급습하여 총격을 가했던 총탄 자국이 고스란히 남아 있다.

과거 인종차별정책에 따라 흑인을 비롯한 유색인종은 요하네스버그 서부와 남서부의 특정 지역에만 거주해야 했다. 유색인종 거주구역으로 잘 알려진 소웨토 지구는 1976년 시위 사건 이래로 흑인들의 민주화 운동이 가장 활발했던 곳으로 넬슨 만델라 전 대통령의 생가가 있다. 이곳은 남아공 백인 정부가 흑인 주거지로 세운 곳이었다. 소웨토란 이름은 사우스 웨스턴 타운십South-Western Township의 약자에서 생겨났다.

오늘날 소웨토 지구는 백인들의 모습을 거의 찾아볼 수 없는 흑인 집단 거주지역이지만, 그렇다고 흑인 빈민가나 우범 지역은 아니다. 소웨토 투어에 참여할 경우 문제가 없겠지만 개인적으로 방문하고 싶다면 택시를 빌려 운전기사흑인 운전사를 추천한다와 함께 둘러보는 것이 안전하다.

소웨토는 흑인인권운동의 역사적 현장으로서 가치를 지니지만 고단한 삶을 살아가는 현지 흑인들의 일상을 가까이서 확인해 보는 것도 새로운 경험이 될 것이다.

소웨토와 넬슨 만델라

1993년 노벨평화상 수상자로도 잘 알려진 넬슨 만델라는 흑인인권운동가로서의 삶을 살던 중 아프리카민족회의 회장이 되면서 대통령선거에 출마해 최초로 흑인 대통령이 된 인물이다. 특히 그는 아파르트헤이트 정책 반대운동으로 1962년부터 1990년까지 27년간 감옥에 수감되어 고통스런 삶을 살면서도 끊임없이 흑인들의 인권과 자유 회복을 열망하며 민주화운동을 위해 안팎으로 투쟁해 왔다.

소웨토 지구에 위치한 넬슨 만델라 뮤지엄은 그가 1940년대 중반 이 지역에서 머물던 주택을 소장품과 함께 일반인들에게 공개해 놓은 곳이다. 소웨

소웨토의 건물 담벼락에 '자유를 위한 몸부림'이라는 문구가 적혀 있다.

만델라 생가 안에 걸려 있는 사진 　　　　　소웨토 지구의 여성

토를 방문하는 대부분의 투어 그룹이 단골로 방문하는 곳으로, 크지 않은 주
택에는 만델라의 젊은 시절 사진들과 초상화, 그리고 주고받은 편지들이 전
시되어 있다.

　넬슨 만델라가 다수의 민중을 위해 이룬 업적은 실로 위대하나, 남아공의
다수를 이루는 흑인들은 여전히 가난과 빈곤에 허덕이고 있다. 정치와 경제
를 한꺼번에 얻은 소수 흑인 집권층은 부패하여 나라 경제를 전혀 돌보지 않
는다는 목소리와 함께 소수 백인들이 다시 정치에 참여해야 한다는 조심스
러운 목소리까지 나오고 있다.

한산한 소웨토의 거리

　흑인인권운동의 지루한 투쟁 끝에 남아공 백인 정부의 흑인차별정책이 적어도 법률상으로 종지부를 찍게 된 계기는 1993년 신헌법에 의해 흑인을 비롯한 유색인종에게 참정권이 부여되면서부터다. 그 이후 1994년 총선거에서 아프리카민족회의ANC 의장인 넬슨 만델라가 남아공의 새로운 대통령으로 당선됨에 따라 남아공 최초의 흑인정권이 탄생하면서 흑인인권운동은 종지부를 찍게 되었다.

스타일리시한
감각의
샌튼 지구

요하네스버그에서 여행자들이 가장 안심하고 다닐 수 있는 곳이 바로 샌튼 지구다. 이곳은 요하네스버그 도심에서 북쪽으로 10km 정도 떨어져 있는데, 인터컨티넨탈 샌튼 선 앤 타워즈 호텔Intercontinental Sandton Sun&Towers Hotel, 미켈란젤로 호텔Michelangelo Hotel, 삭손 호텔Saxon Hotel 등 고급 호텔과 샌튼 시티 쇼핑센터 등이 밀집해 있다. 한마디로 관광객들이 안전하게 쇼핑과 식도락을 즐기기에 좋은 곳이다.

넬슨 만델라 스퀘어는 샌튼 시티 쇼핑센터와 인터컨티넨탈 샌튼 선 앤 타워즈 호텔로 이루어진 중앙광장이다. 1995년 일반인들에게 공개된 이 광장 주변에는 요하네스버그에서 유명한 레스토랑들이 들어서 있다. 원래 이 광장은 2004년 3월 31일 6m 높이의 넬슨 만델라 동상이 들어서기 전까지 샌튼 스퀘어라 불렸다.

흑인인권운동을 위해 생애를 바친 넬슨 만델라의 동상이 놓인 이곳 광장은 방문객들에게 각별한 의미로 다가온다. 또한 그의 동상은 이 나라에 흑인 정권이 들어서며 진정한 민주주의가 도입된 지 10년을 기념하는 2004년에 세워진 역사적 의미도 지닌다.

샌튼 지구에서 꼭 가봐야 할 맛집이 있다. 넬슨 만델라 스퀘어 남동쪽 코너에 있는 더 부처 숍 앤 그릴 레스토랑The Butcher Shop&Grill이다. 나는 샌튼

넬슨 만델라 스퀘어와 넬슨 만델라 동상

지구에 와서 남아공 최고의 스테이크 맛에 반해 버렸다. 여행자들 사이에서 소고기는 남아공, 호주, 아르헨티나만한 곳이 없다고 한다. 그런데 내가 확인한 바로는 남아공이 금메달을 받을 만하다. 부드러운 육질과 육즙 가득한 고기, 향긋한 그릴향까지 삼박자가 어우러져 최고였다. 또 한국이라면 180~230g 정도인데 이곳에서는 300g이 정량이다.

제대로 된 고기맛을 즐기려면 서로인Sirloin 비프, 필레Fillet 비프를 주문하면 된다. 고기는 익히는 정도에 따라 맛이 다른데, 남아공 소고기는 미디엄으로 익혀야 쫀득하고 살살 녹는 고기맛을 제대로 즐길 수 있다.

프리미엄 퀄리티 비프라는 닉네임을 가진 남아공 소고기가 특별히 맛있는

여러 명을 수용하는 드넓은 레스토랑 내부 　　　　　 얼룩말 가죽 문양으로 멋을 낸 의자

이유는 무엇일까? 바로 소를 무공해 청정지역인 목장에서 관리하기 때문에 건강하고 육질도 좋다. 드넓은 초원에서 마음대로 뛰어다니니 농가에서 사육되는 소와는 다를 게 분명하다.

　또한 고기 굽는 법도 조금 다르다. 전통적으로 남아공에서는 브라이Braai라는 단어를 써가며 고기를 굽는데, 레스토랑에서도 브라이 스타일 그릴 방법으로 고기를 익혀 제공한다. 방식은 가스 대신 화롯불을 이용하며 양면으로 되어 있어 한쪽으로 접히는 철판을 주로 이용한다. 브라이는 남아공에서 바비큐 그릴을 뜻하는 아프리칸스어다.

더 부처 숍 앤 그릴 레스토랑

남아공에서 맛있는 비프 스테이크 메뉴를 제공하는 곳은 많지만 더 부처 숍 앤 그릴 레스토랑이야말로 가장 유명한 그릴 레스토랑으로 자부하는 곳이다. 요하네스버그뿐 아니라 케이프타운을 비롯한 주요 도시에 브렌치를 둘 정도로 인기가 높다. 남아공에서 생산되는 최고의 육질을 지닌 고기만을 엄신하여 맛 좋고 영양 좋은 스테이크를 선보인다. 고기 부위에 따라 얼마나 많은 종류가 나오는지 놀랄 정도로 이곳 고기 메뉴의 독특한 맛과 다양성은 정말 대단하다. 소고기나 양고기 외에도 각종 생선이나 해산물 그릴 메뉴는 물론 스프링복, 쿠두 등 남아공 야생동물의 고기 맛도 함께 즐길 수 있다. 담백한 고기와 잘 어울리는 남아공 와인 리스트를 선보이기도 한다.

렉고틀라 레스토랑

샌튼 시티에 위치한 렉고틀라 레스토랑Lekgotla Restaurant도 스타일리시한 다이닝 스폿을 찾는 여행자라면 한번 들러볼 만한 곳이다. 렉고틀라는 남아공 소코Sotho 부족의 언어로 '지도자들의 대화'라는 뜻이다. 렉고틀라 역시 인근에 자리한 더 부처 숍 앤 그릴 레스토랑과 자웅을 겨룰 정도로 인기가 높은 곳이어서 예약은 필수다. 아프리칸 스타일의 실내 분위기는 적절한 조명 효과를 최대한 이용해 패션에 민감한 부류들이 즐겨 찾기에 알맞을 정도로 럭셔리하면서도 트랜디한 감각을 잘 살리고 있다.

이곳 메뉴들은 아프리칸 스타일의 퓨전 음식이 대부분이다. 이를테면 프렌치 스타일의 서부 아프리칸 메뉴, 아랍 스타일의 북동부 아프리칸 메뉴, 말레이 스타일의 남부 아프리칸 메뉴, 북부 스파이스 아일랜드 스타일의

전통 문양으로 꾸민 메뉴판

조명 장식이 인상적인 렉고틀라 레스토랑 내부

메뉴 등으로 크게 구분하여 제공된다. 광대한 아프리카 지역을 포괄하여 색다른 메뉴를 제공한다는 점이 놀랍다. 추천할 만한 메뉴는 에티오피아산 커피에 절인 에티오피안 커피 스테이크와 바비큐 치킨 브레스트 등이 있다. 특히 금, 토요일 밤에는 라이브 재즈 연주가 곁들여지기도 한다.

렉고틀라 레스토랑 옆에 별도의 공간인 렉고틀라 바가 있다. 아프리카 정글의 무성한 잎을 연상시키는 독특한 모양의 샹들리에와 투명한 플라스틱 의자가 돋보이는 이곳은 요하네스버그에서 가장 감각적인 인테리어를 자랑하는 칵테일 앤 시거 바Cocktail&Cigar Bar로 유명하다.

요하네스버그가
자랑하는
패셔너블 호텔

남아공 여행을 하면서 놀란 점은 다양한 형태의 숙박 시설이다. 무엇보다 최고급 수준의 호텔에서 최신 디자인 감각을 지닌 부티크 호텔까지 선택의 폭이 넓다는 게 놀랍다. 요하네스버그 역시 아프리카 최대 도시답게 다양한 숙박 옵션이 있다. 특히 특급 호텔이나 스타일리시한 호텔들은 이 도시의 안전지대에 있어 치안 걱정을 하지 않아도 된다.

텐 봄파스 호텔

이 호텔은 이 도시의 세련된 디자인의 호텔 중에서 가장 잘 알려진 곳이다. 현재 디자인 호텔 사이트www.designhotels.com에서 선정한 요하네스버그의 대표적인 호텔이기도 하다. 로즈뱅크, 하이드파크 지구와 가까운 이곳은 그레이스 호텔과 마찬가지로 도심과 샌튼 시티 사이에 있다. 단지 10개의 스위트룸으로만 구성되어 있어 열 쌍의 손님만 받기에는 아쉬울 정로로 넓다. 그만큼 선택받은 손님들은 더욱 넓은 공간에서 휴식을 취할 수 있다.

이 호텔은 무엇보다 객실이 특이하다. 서로 다른 로컬 디자이너에 의해 아프리카 전통문화를 소재로 창조되었다는 점, 각 객실에는 기발한 디자인의 컨템퍼러리 아트와 가구, 그리고 아프리카 전통 조각물로 장식되어 있다. 발코니를 통해 호텔 정원과 아웃도어 풀을 바라볼 수도 있다. 사이즈Sides 레스토

텐 봄파스 호텔

랑은 남아공의 베스트 10으로 선정된 곳이기도 하다. 소문을 듣고 미식가들이 몰래 찾아오는 곳이기도 하다. 재료의 신선함을 최고의 가치로 따지는 셰프에 의해 새롭게 창조된 퓨전 메뉴를 최고급 와인과 함께 즐길 수 있다.

그레이스 인 로즈뱅크 호텔

이 호텔은 시내와 샌튼 시티 사이 로즈뱅크 지구에 있다. 지리적으로 뉴타운, 멜빌과 가까울 뿐 아니라 식도락과 쇼핑의 중심지 넬슨 만델라 스퀘어가 있는 샌튼 시티와도 가깝다. 로즈뱅크 지구는 여행자들이 안심하고 둘러볼 수 있는 안전한 지역이다. 이 지역은 특히 잎이 무성한 나무들로 둘러싸인 거리에 스타일리시한 숍과 레스토랑이 많은 곳으로 유명하다.

빅토리안 스타일 건물 안에 있는 이 호텔은 깔끔하게 유니폼을 차려입은 도어맨이 마호가니로 만든 호텔 출입문을 열어 준다. 로비 공간은 그린 컬러의 꽃무늬 벽지와 어우러진 콜로니얼 스타일의 가구들이 눈길을 끈다. 로비는 약간 어두운 톤이지만 안락하고 고상한 분위기를 연출한다. 5층에서 10층까지 이어진 객실 공간에는 복도마다 남아공의 역사와 자연을 담은 예술작품들이 걸려 있어 아트 갤러리 같은 착각을 불러일으킨다.

그레이스 인 로즈뱅크 호텔

호텔 옥상에는 작은 루프탑 테라스가 있고 4층 테라스에는 따뜻한 물이 흐르는 별도의 풀이 마련되어 있다. 5층 스파 센터에서는 다양한 스파 서비스를 받을 수 있다. 10층에는 파노라믹 뷰를 지닌 프라이빗 발코니가 딸린 펜트하우스 스위트룸이 있다.

몬디어 콩코드 호텔

이 호텔은 스타일리시한 실내 공간이 돋보이는 곳이다. 단순히 3성급 비즈

스타일리시한 로비 라운지

니스 호텔로 단정하기에는 이곳의 세련된 감각이 일반 관광객들에게까지 미치지 않을 것 같아 아쉽기만 하다.

엠퍼러스 팰리스 콤플렉스와 연결된 이 호텔은 요하네스버그 국제공항에서 3km 떨어진 곳에 있어 공항과 시내를 바삐 오가는 여행객들에게 편리하다.

요하네스버그가 자랑하는 또 하나의 야심작인 엠퍼러스 팰리스는 컨벤션센터, 세 군데의 호텔, 레스토랑, 와인 바, 쇼핑몰, 카지노, 놀이기구 등이 들어선 다목적 문화공간이다.

150개 객실에는 초고속 무선 인터넷 서비스 등 편리한 현대식 시설을 갖추고 있다. 1층에 마련된 뷔페 레스토랑의 산뜻한 인테리어도 돋보이며, 바 라운지의 은은한 분위기도 세련된 방문객들의 눈길을 사로잡는다.

삭슨 부티크 호텔

요하네스버그 샌튼 지구에 있는 이 호텔은 남아공에서 가장 비싼 호텔 중 하나로, 지난 6년 동안 월드 리딩 부티크 호텔world's leading boutique hotel로 선정된 곳이다. 호텔이라기보다 도심 속의 어반 리조트라는 개념이 더 잘 어울린다.

이곳은 잠자러 오는 호텔로서의 기능보다 휴식 공간으로서의 기능에 더욱 충실하다. 이 때문인지 잘 조성된 정원, 뛰어난 시설의 풀과 스파 센터가 있다. 객실 대다수는 스위트룸이다.

독특한 천장 조명 장식

호텔 입구는 일반에게 공개되지 않을 정도로 꽁꽁 잠겨 있다. 예약이나 체류가 확인된 손님만이 호텔 문턱을 넘을 수 있다. 호텔 입구에서 호텔 본관까지는 정원과 가로수로 꾸며져 있으며, 이곳을 오갈 때는 호텔 측에서 마련한 차량으로 이동해야 한다.

호텔 앞 가든에는 단정하게 꾸며 놓은 아웃도어 풀장이 있다. 월드 클래스 수준의 셰프 손끝에서 창조된 다양한 메뉴를 선보이는 레스토랑은 엘레강스한 분위기를 뽐내며 손님을 맞이한다.

휘황찬란한
카지노 스폿
몬테 카지노

비공식적 집계에 의하면 요하네스버그를 방문하는 외국인들이 가장 많이 찾는 곳이 바로 몬테 카지노다. 남아공 최대의 카지노 스폿은 선시티인데, 요하네스버그에도 이에 버금가는 대규모 카지노 시설인 몬테 카지노가 있다.

몬테 카지노는 투스카니 스타일의 대저택을 흉내 내어 만든 건물 안에 거대한 카지노 시설과 이와 별도의 푸드 코트, 레스토랑, 카페, 숍, 영화관, 공연장, 볼링장 등을 갖춘 일종의 버라이어티 엔터테인먼트 공간이다. 카지노에 관심 없는 여행자라도 몬테 카지노에 들러 아프리카 감각으로 치장된 인도어 몰에서 쇼핑과 식도락을 즐길 수 있다.

아리아Aarya는 남아공 최초의 마스터 셰프가 운영하는 레스토랑으로 버터 치킨 앤 프론큰새우 샐러드 메뉴가 유명하다. 머그 앤 빈Mugg&Bean은 남아공에서 가장 유명한 커피숍 중 하나로 영국식 아침 식사를 즐길 수 있는 곳이다. 존 도리스John Dory's는 편안하게 다양한 시푸드 메뉴를 즐길 수 있는 전문 레스토랑이다.

메트로폴리스 라운지 앤 그릴Metropolis Lounge&Grill은 고급스러운 분위기의 그릴 메뉴 전문 레스토랑으로 라운지에서 다양한 음료를 즐길 수 있다. 모던 감각의 이탈리안 메뉴를 맛보고 싶다면 차오 베비 쿠치나Ciao Baby Cucina를 찾아가면 된다. 콜차키오Colcaccio에서는 이 도시 최고의 이탈리안

▲ 마치 유럽의 어느 도시를 연상시키는 몬테 카지노 내부　▼ 몬테 카지노의 분수대와 주변 모습

화려한 몬테 카지노 내부

전통 피자를 맛볼 수 있다.

저녁 식사를 마친 뒤 멀리 갈 필요가 없다. 몬테 카지노에는 다양한 형태의 바, 코미디 클럽, 카바레 쇼, 나이트 클럽 등이 있다. 공연 마니아라면 이곳의 공연에 주목할 필요가 있다. 할리우드의 최신 영화는 물론 세계적 팝스타 콘서트도 관람할 수 있다. 또한 러시아 유명 발레단의 〈백조의 호수〉, 〈호두까기 인형〉 등의 공연도 볼 수 있다. 뉴욕 브로드웨이나 런던 웨스트앤드 극장에서 선보였던 뮤지컬이 공연되기도 한다.

심지어 얼음 위에서 펼쳐지는 뮤지컬 공연은 가족과 함께 온 관강객들에게 더 많은 흥미를 자아낸다. 몬테 카지노의 각종 공연에 대한 안내는 이곳 웹사이트를 통해 정보를 얻는 것이 좋다. www.tsogosun.com/montecasino/entertainment/theatre

몬테 카지노 안에 들어선 버드 가든Bird Gardens은 옥외 테마파크로 앵무새, 마카오, 투칸, 플라밍고 등 다양한 열대 새들의 각종 쇼를 보여 준다. 조류뿐 아니라 파충류, 양서류도 있으며 마다가스카르에서 데려온 귀여운 여우원숭이 등 작은 포유류도 만날 수 있어 아이들과 함께 방문하기 좋은 곳이다.

2007년 초에 문을 연 선 스퀘어 호텔은 객실 179개를 가진 특급 호텔이고, 팔라조 호텔은 남아공에서 가장 로맨틱한 호텔로 알려져 있다. 호텔 외관 역시 투스카니 지방의 전통 건축물 형태를 본따 만들었다. 이 때문인지 이 호텔은 지난 6년 동안 연속해서 월드 럭셔리 호텔 어워드에서 위너의 영광을 차지했다. 246개 객실과 드넓은 정원, 피트니스 센터, 부티크 스파, 아웃도어 풀 등 각종 편의시설이 갖춰져 있다.

몬테 카지노 내에 자리한 상점

남아공의 행정수도
프리토리아

요하네스버그에서 북쪽으로 약 한 시간 거리에 있는 프리토리아는 남아공의 공식 수도이자 대통령궁과 행정부가 자리한 행정수도다. 남아공에는 모두 세 군데 수도가 있는데, 남아공 중부에 위치한 블룸폰테인은 사법수도, 남서부에 위치한 케이프타운은 입법수도다.

프리토리아는 요하네스버그와 마찬가지로 가우텡 주에 속한 도시다. 참고로 프리토리아에서 요하네스버그 사이의 거리는 겨우 50km 정도다. 가우텡 주는 남아공 전체 면적의 1.5%를 차지하는 작은 주지만 이 나라 GDP의 34%를 만들어 내고 있다. 이는 아프리카 전체 GDP의 10%에 해당한다.

이 도시 역시 젊다. 1855년에 세워진 이 도시는 많은 수식어가 따라붙는다. 넬슨 만델라 대통령 취임식이 열린 곳, 아파르트헤이트 본부가 있던 곳, 아프리카너의 예루살렘 등이 그것이다. 이곳 보어인들이 영국인들의 간섭과 현지 흑인들과의 충돌을 피하고자 세운 곳이다. 그러한 역사적 의미에도 불구하고 이 도시의 흑인 인구는 해마다 증가하고 있다. 그러한 모습으로 볼 때 이 도시는 더 이상 백인들의 전유물이 아니라는 것을 말해 주고 있다.

이 도시가 건설되기 전 이 땅은 비옥하고 물이 풍부해서 가축을 키우는 농부들이 모여 살던 곳이었다. 이들은 줄루족과 마찬가지로 응구니 언어를 사용하는 사람들이었는데, 은데벨레족 또는 마타벨레라고도 불렸다. 줄루족과 주변 부족 간의 대대적인 전투가 벌어지면서 이곳에 살던 은데벨레족이 흩어지거나 몰살당하게 되었다. 그리하여 한동안 아무도 살지 않은 땅이 되어 버린 곳에 보어인들이 들어와 도시를 건설하고 영국인들로부터 자치를 허락받은 남아프리카공화국 Zuid Afrikaansche Republiek 의 수도로 삼았다.

당시 이곳의 백인 수는 1만5천 명에 불과했다. 도시 이름은 보어인들의 히어로인 안드리스 프리토리우스 1860년대 보어 전쟁에서 큰 공을 세운 인물의 이름을 땄다. 당시 프리토리아는 변방의 작은 타운에 불과했지만 영국의 식민통치 시절 크게 발전하여 오늘날의 대도시로 변모하였다.

1880년대 후반 요하네스버그 인근의 비트바테르스란트 Witwatersrand 에서 금광이 발견되면서 영국 식민통치자들과 보어인들 사이에 갈등이 심화되었고, 급기야 1899년 두 번째 보어 전쟁이 발발하게 된다. 3년간 펼쳐진 이 전쟁 결과 영국은 보어인이 세운 주정부인 남아프리카공화국과 오렌지 프리스테이트를 차지하게 되면서 자연히 폴 크루거 대통령과 보어 군대는 남아프리카공화국 수도였던 프리토리아를 영국에게 내주게 된다.

마음이 느슨해지는 프리토리아 거리

1961년부터 남아공의 행정수도가 된 프리토리아 시내에는 처치 스퀘어를 중심으로 고풍스런 빅토리안 스타일 건물들이 들어서 있다. 이 도시는 보랏빛 자카란다 나무가 늘어선 거리로 유명하며, 네덜란드 개척자들인 보어인의 역사를 기리는 기념물들이 많다. 도심에는 국립 박물관을 포함하여 6개의 박물관이 있으며 곳곳에 아기자기한 공원들이 잘 조성되어 있다.

요하네스버그에 있다가 프리토리아에 오면 왠지 긴장되었던 마음이 느슨

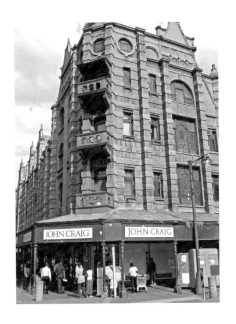

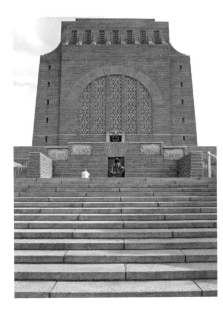

해진다. 사람들도 매우 친절하고, 거리 모습도 활기찬 데에다 위협 따위가 느껴지지 않는다.

프리토리아는 대학 도시다. 이곳에 남아공의 이름 있는 대학들이 있다. 그만큼 학생수도 많다. 이들이 만들어 가는 도시 분위기는 젊고 생동감이 넘친다. 생생한 음악을 듣고 싶거나 맛있고 값싼 현지 음식을 맛보고 싶다면 하트필드Hatfield나 브룩클린Brooklyn 지구에 가면 된다. 쉐빈스Shebeens라는 타운십에서는 종종 재즈 연주가 울려퍼진다.

프리토리아 중심부인 처치 스퀘어는 이 도시에서 가장 번화한 지구이자 가장 많은 역사적 건물들이 밀집해 있는 곳이다. 광장 남쪽에는 옛 정부청사 건물이 있고, 광장 북서쪽 구석에는 옛 의회 극장 건물이 있다. 북동쪽에는 퍼스트 내셔널 뱅크 건물이, 북쪽에는 법원 건물이 있다. 특히 법원 건물은 지난날 넬슨 만델라 전 대통령에게 가택연금을 명했던 곳이기도 하다. 그밖에 광장 서쪽에는 중앙우체국 건물이 있으며 광장 중앙에는 올드 라이언Old Lion이라는 별칭을 가진 폴 크루거Paul Kruger의 동상이 세워져 있다.

폴 크루거는 1899년과 1902년 사이에 벌어진 두 번째 보어 전쟁에서 영국에 대항하는 보어인들의 지도자로 잘 알려진 인물이다. 처치 스퀘어 서쪽에 그가 살았던 집이 폴 크루거 하우스 뮤지엄으로 일반인들에게 공개되고 있다.

◀ 요하네스버그보다 더 여유로운 분위기를 풍기는 프리토리아의 거리와 부르트레커 모뉴먼트 위로 올라가는 계단. 그리고 프리토리아 거리 풍경

유니언 빌딩과 부르트레커 모뉴먼트 앤 뮤지엄

유니언 빌딩은 프리토리아의 기념비적 건물이다. 시내 전체를 조망하려면 이곳을 찾아가야 한다. 유니언 빌딩에는 남아공 행정부의 본부이자 대통령 집무실이 있다. 붉은 사암으로 이루어진 건물은 방대한 정원에 둘러싸여 있다.

이 건물을 디자인한 허버트 베이커 경은 1891년 영국으로부터 남아공에 와서 남아공의 건축에 헌신하고 본국으로 돌아간 인물로 유니언 빌딩을 비롯해 케이프타운의 세인트 조지 성당, 프리토리아의 아카디아 성당, 그밖에 오늘날 인상적인 형태의 건축물로 인정받는 많은 공공건물과 남아공 부유층들의 저택을 건축하였다.

유니언 빌딩은 프리토리아 시내에서 조금 멀리 떨어져 있다. 안타깝게도 유니언 빌딩 내부는 볼 수 없지만 유니언 빌딩이 자리한 이곳 언덕에서 시내를 내려다보는 전경은 가히 일품이다.

프리토리아 시내에서 조금 벗어난 곳에 있는 부르트레커 모뉴먼트 앤 뮤지엄은 프리토리아의 주요 명소 중 하나로 유니언 빌딩과 함께 프리토리아에서 꼭 가봐야 할 곳이다. 이곳은 아프리카너스Afrikaaners라 불리기도 하는 보어인들의 독립기념탑이기도 하다.

아프리카너스는 17세기 중반부터 18세기 후반까지 네덜란드의 동인도회사를 통해 현재 남아공의 희망봉 지역으로 들어온 북서유럽의 이주자들을 뜻한다. 이들의 언어는 본토 네덜란드어와는 조금 다르며 아프리칸스라고 불린다. 현재 아프리칸스어는 영어와 함께 남아공의 주요 언어로 오늘날까지 학교에서 학생들에게 가르치는 언어이기도 하다.

1938년부터 1949년 사이에 세워진 이 모뉴먼트는 남아공 남서부의 케이

▲ 프리토리아에 자리한 대통령궁　▼ 프리토리아의 중심가

▲ 언덕 위에서 바라본 프리토리아 시가   ▼ 부르트레커 기념비 옆에 적힌 남아공의 6·25참전용사 명단

프반도에서부터 이 먼 북동부까지 집단 이동해 온 보어인들의 개척정신과 독립심을 기념하기 위해 세운 것이다. 특히 1838년 12월 16일 블러드 리버 Blood River에서 있었던 1만2천 명의 줄루족과의 치열한 전투에서 승리한 470명의 보어인들의 용맹을 기념하는 의미를 갖고 있다.

이 기념비 앞에 서서 이러한 생각이 들었다. 이 기념비를 바라보는 현지 흑인들의 마음은 어떨까? 흑인들 입장에서 보면 보어인들은 침략자이고 이 기념비는 침략자들의 전승비다. 그런데도 버젓이 세워져 있고 그 누구도 이곳에 돌을 던지거나 낙서를 한 사람이 없다. 어쩌면 이러한 모습만 보더라도 이 땅은 이미 흑인만이 살아가는 땅이 아닌, 다른 인종도 함께 섞여 살아가는 땅임을 인정하고 살아가는 것이 아닐까라는 생각이 들었다.

기념탑 내부에는 보어인들의 개척 역사를 보여 주는 각종 자료들이 전시되어 있다. 영국인들에게 밀려 결국 나라 전체 통치 기반을 물려주게 된 보어인들. 영국인들에 비해 혹독하게 현지인들을 다루었던 보어인들. 지금은 예전에 비해 얼마 안 되는 후손들이 옛 조상의 후광을 입어 그럭저럭 이 땅에서 살아가고 있지만, 이 기념비 내부에 전시된 보어인의 개척 역사를 담은 전시물은 왠지 한 시대를 건너뛴 먼 옛날의 추억거리 정도로밖에 보여지지 않았다.

다시 기념탑 내부에서 나와 모뉴먼트 앞에 서서 프리토리아 시내를 바라본다. 이곳에서 바라보는 시내 전경은 유니언 빌딩에서 보았던 전경과는 또 다른 분위기를 보여 주었다. 어쩌면 보어인에 대한 역사적 인식이 그런 기분을 들게 했는지도 모르겠다.

레세디
전통마을

레세디 전통마을은 요하네스버그나 프리토리아를 방문하는 여행자들이 반드시 들르는 곳이다. 오늘날 남아공의 깊은 산골짜기에 들어간다고 해도 전통 부족을 만나는 것은 불가능하다. 모든 부족이 현대문명 속에서 살아가기 때문이다. 하지만 레세디 전통마을에서는 옛 부족들의 모습을 엿볼 수 있다. 원시적 부족 형태의 모습은 아니지만 방문객들의 눈과 마음을 사로잡기에 부족함이 없다.

또한 남아공 전통 부족의 민속공연 관람이 가능하다. 신명나는 북소리와 다이나믹한 율동에 맞춰 열정적으로 흔들어대는 무희들의 몸놀림은 광기에 가까울 정도로 역동적이다. 이뿐만이 아니다. 원주민 전통식 뷔페 메뉴를 즐길 수도 있다. 뷔페 메뉴에는 다양한 게임 메뉴가 등장하기도 한다. 게임 메뉴는 다름아닌 일부 야생동물을 식재료로 음식을 만든 것이다. 예를 들면 멧돼지나 타조, 스프링복 등의 고기를 이곳에서 맛볼 수 있다.

하루 두 차례 진행되는 현지 가이드 투어에 참여하면 남아공의 주요 부족인 소사Xhosa, 은데벨레Ndebele, 줄루Zulu, 소토Sotho 족의 생활방식과 건축 스타일, 민속의상 등을 차례대로 견학할 수 있다. 가이드 투어는 대개 오전 11시 30분과 오후 4시 30분 매일 두 차례 펼쳐진다.

레세디 전통마을은 프리토리아 시내에서 남서쪽으로 40km 떨어져 있다.

▲ 레세디 전통마을 입구   ▼ 레세디 전통마을의 악단

개별적으로 방문하려면 택시나 렌터카를 이용해야 한다. 일반적으로 하루나 이틀 전에 투어 예약을 하는 것이 좋다. 가장 좋은 것은 프리토리아나 요하네스버그의 주요 호텔 등지에서 투어로 방문하는 것이다. 입장료에 공연 관람, 점심 또는 저녁 식사가 포함된다. 12세 미만 어린이의 경우는 더 저렴하다. 쇼 관람만 할 수 있는 요금과 식사만 하는 요금은 별도다.

남아공의 주요 부족과 특징

소사 '성난 사람들'이란 뜻을 지닌 부족으로 원래 케이프 지방 일대에 거주하여 처음부터 유럽인들과 접촉이 있었다. 넬슨 만델라 대통령이 이 부족 출신이다.

줄루 18세기까지 약소부족이었으나 샤카라는 전투에 능숙한 리더를 얻은 뒤로 맹위를 떨쳤다. 샤카는 다른 부족과의 전투를 통해 여러 부족을 하나로 통합하여 19세기 초 줄루 왕국을 세웠다.

은데벨레 트란스발 지방에서 소토족과 함께 거주하였기에 그들과 언어, 문화가 비슷하다. 전통의식은 줄루족과 응구니족의 영향을 받았다. 이 종족의 특징 중 하나는 전통가옥의 벽면에 아름다운 패턴으로 색을 입힌 다는 것이다. 의상과 장신구 역시 다른 부족에 비해 매우 화려하다. 이들이 만든 공예품은 요하네스버그의 마켓 시어터 등지에서 쉽게 구할 수 있다.

◀ 레세디 전통마을의 댄서와 가이드

레세디 전통마을을 소개하는 안내인들

레세디 전통마을에 자리한 뷔페 레스토랑의 음식

소토 남아공 흑인 인구의 약 30%를 차지한다. 응구니족과 비슷한 전통과 문화를 지니고 있다. 이 부족은 크게 북소토족, 로베두족, 남소토족, 츠와나족으로 나뉜다.

상간 원래 동부 해안에 살다가 북부 내륙으로 이주하였다. 농업, 축산업, 어업, 수렵 등 다양한 생업에 종사한다.

벤다 구릉 중턱에 방어벽을 치고 큰 마을을 이루고 사는 게 특징이다. 옹기장이로 유명하여 다양한 그릇 따위를 구워 낸다. 주술신앙이 강한 것이 특징이다.

남아공의 동서를
가로지르는
블루 트레인

블루 트레인은 남아공이 자랑하는 초호화 시설의 특급열차다. 남서부 케이프타운과 북동부의 프리토리아를 연결하며 남아공의 동서를 가로지른다. 케이프타운과 프리토리아는 장장 1,600km에 달한다. 서울에서 부산까지를 자동차로 세 번 왕복하여 달리는 것과 같다. 블루 트레인으로는 27시간 걸린다. 블루 트레인은 초호화 시설이지만 초고속 열차는 아니다. KTX나 신칸센이었다면 아마 같은 거리를 5시간 만에 주파했을 것이다.

블루 트레인은 '달리는 특급호텔'이라는 별칭을 가지고 있다. 이미 퀸 엘리자베스 전 영국 여왕, 골프 천재 타이거 우즈, 미국의 팝가수 마이클 잭슨 등 해외 유명 인사들이 이 열차를 탔다. 사실 블루 트레인은 1901년 금광 개발로 만들어진 아프리카 종단 철도를 달린다. 실제로 블루 트레인은 이 철도를 구상한 영국인 광산업자 존 로즈에 의해 운행이 시작되었다.

아프리카 유일의 호화 열차인 블루 트레인의 장점은 무엇보다 끝없이 펼쳐진 아프리카의 대자연을 차창으로 바라볼 수 있다는 점이 매력이다. 게다가 남아공산 고급 와인을 곁들이며 맛깔스런 별미를 맛볼 수 있다.

하지만 아쉽게도 야생동물 보호구역을 지나가지 않아 세렝게티식 아프리카 초원을 상상하는 것은 너무 지나친 기대다. 대신 여행 가이드북에서 일일이 언급할 수 없는 드라마틱한 비경을 지닌 멋진 산과 목가적 풍경이 펼쳐지는 들판, 평온한 시골 마을을 감상할 수 있다.

블루 트레인 기차여행은 바로 아프리카 대자연의 숨은 얼굴과의 만남이다. 자연과 얼굴을 맞대며 보내는 여정은 상상 이상의 감동을 준다.

또한 블루 트레인은 우리에게 인간의 삶에 대한 겸손함을 배우라고 말한다. 선로 주변의 작은 마을이나 타운을 지날 때마다 차창 너머로 아프리카 흑인들의 고단한 삶을 바라보게 된다. 우리와는 다른 방식으로 살아가는 사람들에 대해 한 번쯤 생각해 볼 시간이 주어진다. 아프리카 대자연의 화려한 겉모습뿐 아니라 현지인들의 고달픈 속마음까지 들여다보는 것이야말로 블루 트레인 기차여행이 보여 주고자 하는 진실된 모습이 아닐까.

출발지인 케이프타운 기차역에는 블루 트레인 탑승 라운지가 따로 있다. 유럽의 고급 살롱을 연상시키는 이곳에서 승객들은 체크인을 한 후 약간의 다과를 즐기며 탑승을 기다린다. 첫인상은 일반 기차와 크게 다를 바 없이 보이지만 차내로 들어가는 순간 바 라운지 바닥에 깔린 양탄자의 부드러운 촉감을 온몸으로 느낄 수 있다.

블루 트레인 승무원은 곧바로 승객들의 짐을 확인한 후 해당 객실에 옮겨 놓는다. 내 짐을 직접 옮길 필요가 없다. 잠시 후 승무원이 객실 내부에 대해 소개한다. 승무원이 나간 뒤 앞으로 펼쳐질 드라마틱한 광경을 상상하며 27시간의 기차여행을 준비한다. 천천히 케이프타운 역사를 빠져나가는 블루 트레인은 삼사십 분 지난 뒤 본격적으로 속력을 내기 시작하며 아프리카의 뜨거운 대지 위를 달린다.

전체 18~20량으로 구성된 블루 트레인의 객실은 스탠다드룸과 디럭스룸

▲ 블루 트레인의 로비 공간　▼ 블루 트레인 내 침실

이다. 열차 실내공간은 길이 4m, 너비 2m로 다소 제한된 듯하다. 침대는 벽에 붙어 있어 승객이 저녁 식사를 하러 나간 사이 승무원이 와서 탁자와 의자를 치우고 침대를 아래로 눕혀 펼쳐 놓는다. 또 다음 날 아침 식사 시간 동안 침대를 원상태로 벽면에 붙여 놓고 다시 탁자와 의자를 배치해 놓는다.

객실에는 샤워 시설과 세면 시설이 있고, 텔레비전과 전화도 있다. 유럽에서도 침대칸 기차를 타 보았지만 객실 내 샤워 시설이 있는 것은 처음이다. 신기한 것은 텔레비전 모니터를 통해 기차가 달리는 모습을 볼 수 있다는 점이다. 또한 모니터에는 지도상에서의 위치와 현재 달리는 속도 등이 표시되어 있다.

빅토리아풍의 클래식한 객실 인테리어는 차분하고 안정적인 느낌을 준다. 그리고 무엇보다 포근한 잠자리가 매우 인상적이었다. 소음이나 떨림과는 무관하게 깊은 잠을 잘 수 있었던 것은 블루 트레인만의 아늑한 분위기 때문이었던 같다.

가장 기대되는 식사시간

열차 안에 있는 바에서는 언제나 원하는 음료를 즐길 수 있고, 시가 라운지에서는 쿠바산 시가가 무료로 제공된다. 시가 바 옆에는 라이브러리가 있으며, 그 옆에는 텔레비전 라운지가 있어 모니터를 통해 영화나 쇼 등을 관람할 수 있다. 또 보석을 파는 작은 숍이 있는데 남아공에서 생산되는 다이아몬드를 비롯하여 각종 액세서리 등을 판매한다.

식사 시간은 승무원들이 미리 알려준다. 블루 트레인 기차여행의 묘미는 차창 밖 풍경을 감상하는 것과 격조 높은 다이닝을 즐기는 것이다. 남아공산 고급 와인에 육질 좋은 랍스터, 비프 스테이크 또는 스프링복, 쿠두 등 아프리카 야생동물의 고기 메뉴게임 메뉴라고 불린다 등을 선택할 수 있다. 특히 풀코스 메뉴가 나오는 디너 타임에는 어느 정도 격식을 갖춘 옷차림이 필요하다. 즉 남자는 구두와 넥타이, 자켓 등을, 여자도 정숙한 옷차림을 하는 것이 좋다.

블루 트레인에서의 식사는 첫날 점심과 저녁, 다음 날 아침 식사가 제공된다. 샌드위치나 케이크 등 스낵은 바에 항상 구비되어 있어 부담 없이 먹을 수 있다.

개척시대의 역사를 간직한 마티에스폰테인에서의 기착지 투어

블루 트레인이 27시간 동안 쉼 없이 달리기만 한다면 승객들은 물론 기차 역무원들 역시 따분할지도 모른다. 이러한 지루함을 없애기 위해 기착지에 내려 투어를 할 수 있는 프로그램도 있다. 시즌에 따라 기착지 횟수가 제한되기도 하는데, 일반적으로 케이프타운 출발 후 너덧 시간 후에 정차하는 마티에스폰테인Matjiesfontein 역에서의 투어가 있고, 다이아몬드 산지로 유명한 킴벌리Kimberley나 남아공 와인 산지인 유명 와이너리에 정차하는 경우도 있다.

내가 탄 블루 트레인은 웨스턴 케이프의 카루Karoo 지방에 있는 마티에스폰테인 역에서 잠시 멈추었다. 이곳은 역사가 깊은 작은 마을로 개척시대의 유물이 남아 있다. 블루 트레인은 승객들의 기착지 투어를 위해 약 한 시간 정도 정차하였다. 역 주변에는 백여 년 이상 된 건물들이 들어서 있어 매우 인상적이었다.

고풍스러운 자태를 뽐내는 그랜드 호텔이 역사 앞에 있고, 그 옆에 개척시

▲ 블루 트레인의 다이닝 공간　▼ 블루 트레인 객차 내 통로

대의 유산으로 보존되어 있는 우체국 건물과 프론티어풍의 살롱, 중세풍의 교회, 지방법원 건물 등이 있었다. 탑승객들은 살롱에 들어가 이 지방 전통 와인을 한 모금 마시며 역사에 마련된 작은 박물관을 둘러보았다. 때마침 안내인이 나와서 이 지역 역사에 대한 이야기를 들려주었다.

27시간 만에 도착한 프리토리아

마티에스폰테인에서 기착지 투어를 마치고 다시 기차에 올랐다. 블루 트레인은 프리토리아에 인접한 프리 스테이트 지방에 다다르기까지 광막하고 메마른 카루 지방을 거침없이 달려갔다. 이곳에는 아무도 살지 않고 아무 건물도 없는 삭막한 땅이 끝없이 펼쳐졌다. 마치 마법에 걸려 있는 것처럼. 생명이 느리게 움직이고 하늘의 별들이 천천히 서행하는 곳. 만일 자동차로 저 텅 빈 도로를 달렸다면 아마 울고 싶은 심정이었을 정도로 고독해 보이는 땅이었다. 그런 곳을 차창 너머로 한없이 바라보았다.

고독하지만 너무나 평온해 보여 달리는 기차가 마치 신비로운 정적을 깨뜨리는 것 같아 미안한 마음까지 들었다. 한참을 달리다 드디어 마음에 드는 곳을 발견했다. 아, 이곳에 잠시 멈추어 준다면 얼마나 좋을까! 작은 언덕과 계곡, 그리고 그 사이 물줄기가 흐르고 있다. 이곳에서 잠시 쉬며 자연과 은밀한 대화를 나누고 싶은 욕망이 나도 모르게 솟구쳐 올랐다.

◀ 승객을 위해 준비해 놓은 디저트와 간이식 침대. 그리고 라운지 공간에서 휴식을 취하는 여성 승객과 메뉴가 놓인 테이블

남아공의 동서양을 가로지르는 블루 트레인

27시간이 빨리도 지나갔다. 다음 날 아침 눈부신 햇살이 창 틈으로 들어와 단잠을 깨웠다. 눈을 비비고 일어나자마자 옷을 챙겨 입고 다이닝 칸으로 달려갔다. 이미 콘티넨탈 스타일의 아침 식사가 화려하게 차려져 있고, 저마다 아침 인사를 건네며 행복한 아침을 맞이하고 있었다. 접시에 베이컨과 계란 프라이, 감자, 샐러드를 가득 담았다. 그리고 아침 식사 후에는 마카롱을 곁들여 커피를 마시며 오전 시간을 보냈다.

얼마 안 있어 프리토리아에 도착한다는 방송이 들려왔다. 어느덧 27시간이 마법처럼 흘러간 것이다. 마지막 행선지 프리토리아 역에 도착하여 아쉬움을 뒤로 한 채 다시 기차역 플랫폼에 발을 내디뎠다.

음푸말랑가의
블라이드
리버 캐니언

야생동물과 어우러진 광활한 대자연의 땅 아프리카에서 남아공은 여전히 한국 여행자들이 가장 즐겨 찾는 나라다. 교통이 편리하고 다른 아프리카 나라들에 비해 관광 인프라가 잘 갖춰져 있기 때문이다.

남아공의 매력은 정말 다양하다. 지구상의 다른 나라에서는 찾아볼 수 없는 신비한 자연 경관이 곳곳에 숨어 있다. 야생동물을 생생하게 볼 수 있는 국립공원은 물론, 기암괴석으로 이루어진 멋진 바위산과 스펙터클한 비경을 간직한 협곡, 그리고 열대 정글과 사막 지형, 드라마틱한 해안선 등 지구상에 존재하는 자연의 경이로움을 모두 담고 있다 해도 과언이 아니다.

요하네스버그와 크루거 국립공원 사이

떠오르는 태양의 땅Place of Rising Sun이라는 음푸말랑가Mpumalanga는 남아공 북동부에 위치한 주州 이름이다. 이곳은 특히 남아공의 최대 도시 요하네스버그를 감싸는 가우텡 주와 서쪽으로 경계를 맞대고 있으며 동쪽으로는 크루거 국립공원과 접해 있다. 이로 인해 요하네스버그나 프리토리아에서 크루거 국립공원을 방문하는 여행자들이 잠깐 시간을 내어 둘러보는 곳이 바로 음푸말랑가다.

약 8만km²의 방대한 면적을 지닌 음푸말랑가는 여행자들에게 탐험하고

아프리카의 보물상자

블라이드 리버 캐니언 주변 풍광

관찰할 대상이 많은 거대한 자연공간이다. 굴곡이 심한 고원지대를 비롯하여 무성한 습지대, 절벽으로 이루어진 급경사의 바위산 등 지질학상의 다양한 경관들이 한자리에 모두 모여 있다. 음푸말랑가는 이 지역의 주관광청에 의해 관광 루트별로 7개 지역으로 나누어 소개되고 있다. 음푸말랑가 지역만 세세히 둘러보아도 한 달 이상의 일정이 필요할 정도로 관광지마다 독특한 개성을 담고 있다.

음푸말랑가의 곡류가 굽이쳐 흐르는 고원지대를 뜻하는 하이랜드 민더 Highlands Meander 지역은 음푸말랑가 중북부에 위치한다. 이곳은 자연을 사랑하는 여행자들에게 낙원 같은 곳이다. 남아공에서 가장 인기 있는 플라잉 피싱flying fishing의 메카이기도 하며, 아프리카의 희귀 조류들을 발견할 수 있는 곳이다. 또한 암벽 등반하기에 좋은 장소들이 밀집해 있다. 그리고 식물학자들의 눈을 휘둥그렇게 할 야생화들이 아름다운 자태를 뽐내고 있다.

이 지역은 아프리카에서 유일한 검은 표범Black Leopard의 서식지이자 보호관리구역으로 지정되어 있다. 이곳에 서식하는 검은 표범들은 좁은 산골짜기나 계곡 사이를 어슬렁거리기도 한다. 이 지역 관광의 중심지이기도 한 델스트룸Dullstroom은 송어 낚시와 플라잉 피싱의 메카로 남아공에서 낚시꾼들이 가장 많이 몰리는 곳이다. 특히 인근 요하네스버그 등지에서 주말 낚시 여행을 오는 사람들이 많다.

음푸말랑가 습지대에는 멸종 위기에 처한 남아공 두루미들이 유일하게 서식한다. 버로렌 발레이 자연보호구역Verloren Valei Nature Reserve이라 불리는 이곳에는 낙원 두루미Blue Crane, 볼망태 두루미the Wattled Crane, 왕관 두루미Crowned Crane 등 세 종류의 두루미가 서식한다. 보다 다양한 새들을 관찰할 수 있는 최적의 장소는 남아공에서 가장 큰 담수호인 크리시스미어 호수 Lake Chrissiesmeer다. 이 호숫가에는 거대한 화석이 바위 속에 선명하게 남아 있다.

음푸말랑가 북동쪽에 위치한 일명 파노라마 지역은 하이랜드 민더 지역 동편에 있는데, 가장 많은 여행자들이 방문하는 곳이자 크루거 국립공원과 접해 있다. 파노라마 지역은 절벽으로 이루어진 협곡 동쪽 경사면을 따라 숨 막힐 정도의 비경이 펼쳐져 있다. 그곳에 블라이드 리버 캐니언이 있으며, 신의 창God's Window이라 불리는 전망대에 놀라운 경치가 30km 정도 길게 늘어선 이곳은 세계에서 세 번째로 큰 협곡이자 녹지로 이루어진 캐니언 중 에서는 세계에서 규모가 가장 크다.

미국의 그랜드 캐니언이 세계 최대이며, 나미비아와 남아공의 경계를 이루는 오렌지 강 위에 있는 피시 리버 캐니언이 블라이드 리버 캐니언과 함께 가장 큰 규모를 자랑한다. 그랜드 캐니언과 피시 리버 캐니언은 숲이 없는 건조하고 바짝 마른 계곡인데 음푸말랑가의 블라이드 리버 캐니언은 협곡을 둘러싸고 울창한 초목으로 뒤덮여 있다. 따라서 블라이드 리버 캐니언을 방문할 때 종종 비가 내리거나 매우 습한 경우가 있다.

많은 여행자로부터 남아공 최고의 절경이라 일컬어지는 블라이드 리버 캐니언은 2만6천ha 면적 안에 기이한 자연 풍광과 각종 생태지를 품고 있다. 이 공간은 보호지로 지정되어 있다.

여행자들은 대부분 렌터카 등을 이용해 협곡의 끝을 따라 도로 위를 달리며 대자연을 감상한다. 곳곳에 놀랄만한 비경이 숨어 있는 전망대가 군데군

마치 작은 바위를 쌓아올려 만든 것 같은 모습

데 있지만, 여유가 있다면 걸어서 협곡 구석구석을 음미해 본 것을 권한다. 현지 로지 또는 게스트하우스나 전문 아웃도어 액티비티 에이전시에서 각종 하이킹 및 트레킹 프로그램을 알선해 주고 있다.

기이한 자연현상인 부르크스 럭 포트홀

블라이드 리버 캐니언에서 볼 수 있는 기이한 경관 중 하나는 부르크스 럭 포트홀Burke's Luck Pothole이라 불리는 구혈甌穴이다. 이것은 블라이드 강물이 소용돌이치면서 바위를 오목하게 깎아 낸 것으로, 소용돌이 때문에 작은 돌이 회전하여 강바닥에 단지 모양의 구멍을 낸 기이한 자연현상이다. 깊이를 알 수 없을 정도로 끝없는 이 구혈을 다리 위에서 내려다보면 완벽한 원 모양을 하고 있음을 알 수 있다.

또 하나 블라이드 리버 캐니언에서 발견되는 기이한 장관 중 하나는 스리 론다벨스Three Rondavels라고 불리는 기암 괴석군이다. 이곳은 멀리서 바라볼 때 마치 원추형 지붕의 남아공 전통 가옥 론다벨 세 채가 나란히 있는 모습과 같아 스리 론다벨스라고 부른다. 부르크스 럭 포트홀을 지나 북쪽으로 올라가면 이곳을 바라보는 전망대에 다다를 수 있다.

블라이드 리버 캐니언을 비롯한 이 지역 주변의 여행 중심지는 사비Sabie와 그라스콥Graskop이다. 이곳에는 여행자들을 위한 크고 작은 게스트하우스가 밀집해 있으며, 레스토랑과 바, 슈퍼마켓, 주유소 등의 편의시설도 잘 갖추어져 있다. 기이한 이름을 지닌 필그림스 레스트Pilgrim's Rest 타운 역시 블라이드 리버 캐니언에서 하이킹, 트레킹 등을 시작할 수 있는 베이스가 된다.

걸어서 둘러보아야 참맛

가장 인기 있는 하이킹 루트는 블라이드 리버 캐니언 하이킹 트레일을 따라 걷는 것이다. 하이킹만큼 이 협곡을 제대로 구경하는 방법은 없다.

하이킹의 장점은 숨어 있는 기암괴석과 절봉의 비경을 느긋하게 감상할 수 있다는 것이다. 굽이치는 협곡과 그 사이를 흐르는 강을 절벽 위에서 내려다볼 수도 있다. 거대한 물줄기를 뿜어내는 폭포수와도 조우할 수 있다. 이처럼 다양한 비경을 선사하는 이 루트는 이틀 반짜리 하이킹 코스다.

이 트레일의 시작점은 파라다이스 캠프이고 끝나는 점은 부르크스 럭 포트홀이다. 이 루트를 따라 걸으며 첫날은 워터발스프루트 헛Watervalspruit

Hut에서 보내고 다음 날은 클리어스트림 헛Clearstream Hut에서 보내게 된다. 이 오두막에서 숙박을 원한다면 음푸말랑가 파크 보드를 통해 미리 예약 해야 한다. 또는 부르크스 럭 포트홀에 있는 예약센터를 통해서도 가능하다. 이 루트는 한쪽에서 다른 한쪽으로 이동하는 일방 루트이기 때문에 반대쪽에 다다르면 미리 교통편을 준비하든가 아니면 같은 루트로 되돌아오는 계획을 세워야 한다.

폭포 주변에서 즐기는 다양한 액티비티

음푸말랑가 파노라마 지역 여행의 하이라이트 중 하나는 블라이드 리버 캐니언의 경관을 감상하는 것 외에도 여러 개의 폭포를 하나씩 둘러보는 것이다. 높디높은 고공낙수를 감상할 수 있는 브라이달 베일 폭포Bridal Veil Falls, 막막 폭포Mac-Mac Falls, 사비 폭포Sabie Falls는 휘황찬란한 폭포수의 절경을 선보이는 곳들이다.

인근에서는 떨어지는 물줄기와 함께 고난도 번지점프를 즐길 수 있으며, 래프팅, 쿼드 바이킹Quad Biking, 패러글라이딩, 캐녀닝Canyoning 등 다양한 아웃도어를 즐길 수 있다. 이러한 액티비티를 즐기고 싶다면 적어도 하루 이틀 전에 사비 또는 그라스콥의 현지 여행사 또는 호텔 프론트에 해당 프로그램을 문의해 보고 예약하는 것이 좋다.

◀ 폭포 아래 물웅덩이에 들어가 포즈를 취한 어린이들과 하이킹을 즐기는 방문객들. 그리고 브라이달 베일 폭포

야생동물의 천국
크루거 국립공원

남아공이 자랑하는 크루거 국립공원은 세계에서 가장 오래된 남아공 최대의 야생동물 보호구역으로 모잠비크와 국경선을 따라 길게 펼쳐져 있다. 모잠비크 쪽의 야생동물 보호구역은 현재 림포포 국립공원으로 지정되어 있다. 또한 크루거 국립공원 북쪽은 작은 면적이지만 짐바브웨와 국경을 맞대고 있다.

놀랍게도 이 국립공원의 면적은 약 2만km²로 이스라엘 전체 면적과 맞먹는다. 크루거 국립공원의 기후와 지형은 사바나성이다. 곳곳에 아카시나무, 무화과나무, 부쉬윌로우나무 모습이 특이하다. 공원 안에 샌드 리버Sand River 강이 흐르고 큰 바위들이 듬성듬성 놓여 있는 풍경도 이채롭다.

크루거 국립공원의 전신인 사비 게임 리저브Sabie Game Reserve는 보어인이 세운 트란스발 공화국 대통령이었던 폴 크루거에 의해 1898년에 설립되었다. 그 후 좀 더 영역을 넓혀 1927년 일반인들에게 크루거 국립공원으로 새롭게 개장하였다.

빅5를 볼 수 있는 야생동물의 천국

크루거 국립공원은 아프리카의 어느 야생동물 보호구역보다 여행자를 위한 편의시설이 잘 갖춰져 있다. 국립공원 내 도로는 비포장이지만 일반 승용차들이 달릴 수 있을 만큼 평평하며, 캠핑을 즐기려는 여행자를 위한 캠프

▲ 주행길을 가로막은 기린들　▼ 나홀로 운전 중 코뿔소 가족을 만났다.

▲ 검은 얼굴의 카푸친 원숭이 　▼ 공원 내에서 쉽게 볼 수 있는 임팔라

사이트도 별도로 마련되어 있다. 정글 속 깊숙이 들어선 고급 사파리 로지도 크루거 국립공원 여행의 별미다. 이곳에서 별을 헤며 지새우는 로맨틱한 분위기는 이루 말할 수 없을 정도로 황홀하다.

요하네스버그를 여행하는 사람은 차량으로 5시간 정도 걸리는 크루거 국립공원을 찾는다. 이들은 방대한 대자연에서 빅5라 불리는 사자, 코끼리, 버펄로, 코뿔소, 표범 등 대형 야생동물을 관찰하기 위해서다. 그 외에도 하마, 기린, 얼룩말, 치타, 임팔라 등 크고 작은 포유류가 가득하고, 다양한 조류도 볼 수 있다. 무엇보다 길을 가다 예고 없이 야생동물과 마주치는 것만큼 흥미진진한 일은 없다.

크루거 국립공원에는 137종의 포유류를 비롯해 500여 종의 야생조류와 100여 종의 파충류가 공존한다. 공원 남쪽에 보다 많은 야생동물들이 서식하고 있는데, 직접 차를 몰고 둘러본다면 먼저 서쪽 폴 크루거 게이트로 들어가서 남쪽 말레라네 게이트로 나오는 것이 좋다.

렌터카로 돌아본 야생동물 보호구역

나는 요하네스버그에서 빌린 렌터카를 몰고 음푸말랑가의 블라이드 리버 캐니언을 방문한 뒤 그라스콥, 헤지뷰를 거쳐 크루거 국립공원으로 들어가는 폴 크루거 게이트 앞에 있는 프로테아 로지에서 하룻밤 자고 다음 날 아침 크루거 국립공원 탐사에 나섰다.

먼저 정보를 얻기 위해 비지터 센터를 찾아갔다. 낯선 동양인을 현지 안내인이 반갑게 맞아 주었다.

"크루거 국립공원을 둘러보려면 어떻게 해야 하나요? 혹시 비지터 센터에서 운영하는 투어 프로그램이 따로 있나요? 아니면 현지 여행사에 가이드 투어를 신청해야 하나요?"

나는 혹시나 하는 기대감을 가지고 조심스럽게 물어보았다.

"이곳에서는 투어 프로그램을 별도로 운영하지 않아요. 현지 여행사를 통해 사전에 알아봐야 해요. 혹시 이곳까지 차를 몰고 오셨나요?"

나는 그렇다고 했다. 안내인은 나에게 뜻밖의 대답을 전해 주었다.

"그렇다면 차를 몰고 국립공원을 둘러볼 수 있어요."

"네에?"

나는 반문하지 않을 수 없었다.

어떻게 나 혼자 차를 몰고 맹수가 우글거리는 국립공원 안을 돌아다닐 수 있다는 말인가? 도무지 이해가 안 되었다. 혼자 차를 몰고 야생동물 보호구역을 둘러보았다는 이야기는 어느 곳에서도 들어보지 못했기 때문이다.

안내인은 걱정하지 말라는 투로 "Good Luck, Bye" 하고 들어가 버렸다.

나는 비지터 센터에서 나와 잠시 서 있었다. 문득 이번이 혼자 차를 몰고 야생동물 보호구역을 돌아볼 수 있는 기막힌 찬스라는 생각이 들었다. 마치 내가 대자연의 주인공이 된 듯한 기분을 만끽하며 야생동물과 조우할 수 있다는 사실에 살짝 흥분되었다.

'그래, 한번 해 보자. 야생동물이 습격해 오면 어디선가 파크레인저가 총을 들고 나타나 구해 줄 거야.'

나는 기대 반 두려움 반으로 차를 몰고 천천히 크루거 국립공원의 관문인 폴 크루거 게이트를 지났다.

강을 건너는 코끼리 무리, 사파리 로지에서 바라본 풍경이다.

코뿔소를 만나 줄행랑치다

국립공원 안은 일반 승용차도 달릴 수 있는 비포장길이 반듯하게 나 있었다. 제한속도가 있고 주행에 대한 규정이 있어 함부로 경적을 울릴 수도 없었다. 나는 차를 살살 몰았다. 혹시 지나가는 어린 새끼들이 놀랄지도 모른다는 걱정 때문이었다.

공원 입구를 지나 달리다 보니 신기하게도 차창 너머로 기린 여러 마리가 나타났다. 주변에는 아무도 없었다. 나 홀로 야생동물 천국에 와 있는 듯한 기분이 들었다. 기린들은 나를 힐끔 쳐다보더니 나뭇잎을 한 움큼씩 뜯어먹기 시작했다. 관심 없으니 빨리 가던 길이나 가라는 듯 무심한 표정이었다.

이번에는 다른 길을 따라가다가 코뿔소 세 마리를 만났다. 이들은 길 한복판에 서 있었다. 기린을 만났을 때와 달리 나는 몹시 긴장되었다. 육중한 코뿔소는 그야말로 흉기 아닌 흉기를 지닌 동물이다. 만약 덩치 큰 코뿔소가 달려들어 내가 탄 차를 가격한다면 나는 꼼짝없이 당할 수밖에 없다는 생각이 들었다. 갑자기 등에서 식은땀이 흐르기 시작했다. "오, 주님!" 나도 모르게 기도가 나왔다.

나의 등장을 경계하듯 길에 서서 나를 바라보는 코뿔소와 눈을 마주치고 싶지 않았다. 거리는 40여 미터밖에 안 되니 코뿔소가 난시가 아닌 이상 내 존재를 눈치채지 못했을 리가 없었다.

나를 적으로 간주한 코뿔소가 조금이라도 달려올 기세를 보이면 후진 기어를 넣고 줄행랑을 쳐야겠다는 계획을 짰다. 좁은 비포장도로에서 차를 돌릴 수도 없을 것이기에 그대로 전속력 후진밖에는 답이 없었다. 순간 영화 속 장면이 스쳐지나갔다.

나는 제일 큰 코뿔소를 주시하며 슬슬 차를 후진시켰다. 다행히 코뿔소들은 내가 서서히 멀어지는 것을 지켜볼 뿐 공격적인 반응은 보이지 않았다. 어쩌면 그들도 내가 서서히 멀어지는 것이 다행이라고 여겼는지도 모른다.

지금까지 아프리카 여러 나라에서 사파리 투어를 하면서 이때만큼 아찔했던 순간은 없었던 것 같다. 지금도 그 순간을 생각하면 등골이 오싹하다. 한편 다시 생각해 보면 당시 내가 긴장했던 것만큼 코뿔소들도 그랬을지도 모른다는 생각을 하니 피식, 헛웃음이 나왔다.

야생동물 보호구역
사파리 로지

크루거 국립공원을 방문한다면 요하네스버그 등지에서 급하게 하루 일정으로 다녀오는 것보다 국립공원에서 하룻밤 머무는 것이 좋다. 국립공원 주변 대도시에 있는 호텔에 머무는 것보다 가능하면 사파리 로지에서 머물 것을 추천한다. 현지에는 국립공원 바로 바깥쪽에 사파리 로지가 있다. 국립공원 안에 있는 로지만큼 친환경적이며 가격도 훨씬 저렴하다.

사비 강 기슭에 있는 라이온 샌즈 팅가 로지

내가 추천하고 싶은 크루거 국립공원 최고의 사파리 로지 중 하나는 라이온 샌즈 팅가 로지Lion Sands Tinga Lodge다. 팅가 로지는 크루거 국립공원 내 라이온 샌즈 게임 리저브라는 프라이빗 사파리 구역에 있는 최고급 숙박 옵션 중 하나다. 사비 강 기슭에 자리한 팅가 로지는 소수만을 위한 고급 사파리 로지다. 각 객실은 한 채의 빌라로 이루어져 있다.

모든 객실은 국립공원의 울창한 밀림을 바라볼 수 있어 야생의 느낌을 제대로 받을 수 있다. 간혹 야생동물들이 지나가는 소리를 듣거나 동물들의 울음소리를 꿈결에 들을 수도 있다. 옥외에 자쿠지와 프라이빗 풀이 있어 언제든지 버블 마사지를 즐기거나 수영을 하며 주변을 감상할 수 있다.

이 로지의 가장 큰 매력은 바로 지리적 위치다. 울창한 열대 숲 강가에

있어 리버뷰가 탁월하다. 또 야외 테이블에서 식사를 하며 코끼리 무리가 강을 건너는 장면도 생생하게 구경할 수 있다. 이곳에서 즐기는 다이닝 역시 최고다. 워터호그, 스프링복 등 다양한 야생동물 고기로 만든 그릴 메뉴가 와인과 함께 제공된다. 물론 야생동물 그릴 메뉴 외에도 비프, 피시 등 다양한 메뉴가 준비되어 있다. 그리고 로지에서 제공하는 사파리 투어에 두 번 참여할 수 있다. 사륜구동형 사파리 전용 지프 차량을 타고 야생동물들이 서식하고 있는 곳을 찾아 안내해 준다.

이 로지를 찾아가는 방법은 여러 가지가 있다. 가장 쉬운 방법은 요하네스버그에서 경비행기를 타고 크루거 국립공원 내 스쿠쿠자 비행장에 내리면 그곳에서 차로 10분 거리다. 미리 로지에 요청하면 요하네스버그에서 스쿠쿠자 구간의 항공편과 공항에서 로지까지의 차량을 마련해 준다. 물론 유료다. 또는 렌터카를 이용해 크루거 공원 내 안내표지판을 보고 팅가 로지까지 찾아갈 수도 있다.

저예산 여행자에게 추천하고 싶은 프로테아 크루거 게이트 로지

팅가 로지를 포함에 1박에 500~600달러가 넘는 럭셔리한 사파리 로지도 있지만, 저렴한 곳을 찾는 여행자라면 프로테아 크루거 게이트 로지Protea Kruger Gate Lodge를 추천한다. 크루거 국립공원 서쪽 입구 폴 크루거 게이트 옆에 있는 이 로지는 남아공 전역에 체인을 둔 메리어트 프로테아 호텔에서

◀ 라이온 샌즈 팅가 로지

▲▼ 프로테아 크루거 게이트 로지의 아웃도어 라운지

운영하는 곳 중에 가장 매력적이다.

프로테아 크루거 게이트 로지는 200달러 정도로 하룻밤 사파리 로지의 멋을 누릴 수 있다. 샬레 스타일 룸에는 전망 좋은 테라스가 있으므로 강추다. 그리고 레스토랑, 바, 숍, 라이브러리 등 편의시설이 있어 탁월한 선택이 될 수 있다.

무엇보다 이곳에 머무는 동안 가장 좋았던 점은 발코니에 서서 아름다운 크루거 국립공원을 내다볼 수 있었던 것이다. 또 야외 풀장도 있고 나무로 만든 트리 하우스에서 주변 경관을 감상하며 휴식을 취할 수도 있다. 이곳 로지를 통해 크루거 국립공원 사파리 투어는 물론 인근 블라이드 리버 캐니언 투어 프로그램에도 참여할 수 있다.

골프와 사파리를 동시에, 레오파드 크릭 컨트리 클럽

크루거 국립공원에서 야생동물을 관찰하고 드넓은 초원에서 골프도 치고 싶다면 레오파드 크릭 컨트리 클럽Leopard Creek Country Club을 추천한다. 크루거 국립공원 남쪽에 자리한 남아공 최고급 골프 클럽 중 하나다. 정확히 말해 크루거 국립공원 남문인 말레라네 게이트 바깥쪽에 있다.

남아공의 전설적인 프로골퍼 게리 플레이어가 디자인한 레오파드 크릭 컨트리 클럽은 챔피언십 18홀 골프 코스가 있으며, 맴버십은 초청에 의해서만 발부되는 것이 특징이다. 혁신적인 건축기법과 아름다운 주변 경관이 어우러진 로지가 골프 코스와 하모니를 이루어 그림 같은 풍경을 연출해 내고 있다.

크루거 국립공원과 컨트리 클럽의 경계를 이루는 강에는 가끔 하마나 악어가 출현하여 골퍼들에게 흥미로운 볼거리를 제공하기도 한다.

프로테아 크루거 게이트 로지의 아웃도어 풀

잃어버린
도시의 왕궁
선시티

남아공에 오기 전 선시티만큼 궁금증을 갖게 한 곳도 없다. 아프리카의 라스베이거스라는 닉네임이 붙은 이곳에는 전설적인 6성급 호텔이 있다는 소문이 무성했다. 나는 그 소문을 확인하기 위해 프리토리아에서 렌터카를 몰고 밤중에 선시티를 찾아 나섰다.

야밤에 길을 잃다

'잃어버린 도시의 왕궁Palace of the Lost City'이란 이름을 가진 선시티의 팰리스 호텔을 찾아간 것은 어두운 밤이었다. 지도상에는 남아프리카공화국 행정수도인 프리토리아에서 선시티까지가 얼마 안 되어 보였다. 실제 거리는 143km, 두 시간 반 정도 부지런히 달리면 닿을 거리였다.

요하네스버그 시내의 유럽카Europ Car 렌터카 영업소에서 대여한 국산차 신형 소나타를 몰고 N4 도로를 달리기 시작했다. 프리토리아 서쪽 100km 지점에 있는 인구 12만 명의 도시 루스텐버그Rustenburg까지는 신나게 쌩쌩 잘 달렸다. 하지만 그 후 루스텐버그 인터체인지에서 선시티로 연결되는 도로를 찾지 못해 길을 헤맸다. 꽤 늦은 시각인데다 GPS도 내비게이션도 없었다. 할 수 없이 루스텐버그 시내로 들어가 길을 물어야만 했다. 아무리 작은 도시지만 남아공의 밤거리는 조심해야 한다는 생각이 불현듯 들었다. 일부러

대규모 위락시설과 휴양시설을 갖춘 선시티

도심에서 조금 벗어난 안전한 곳에 차를 세우고 평범해 보이는 현지인들에게 다가가 길을 물었다. 그들은 아무 거리낌 없이 선시티로 가는 방향을 알려 주었다. 현지인이 알려 준 길로 달리기 시작했다. 가로등조차 없는 시골길이어서 '별들에게 길을 물어봐야 하나' 라는 생각이 들 정도로 달리면서도 의구심이 들었다. 남아공의 시골길은 안내판이나 이정표 하나 제대로 세워져 있지 않았다.

낯선 나라에서 그것도 한밤중에 이정표만 의지하여 목적지를 찾아간다는 것은, 꿀릴 것 없는 여행 경력과 운전 경력이 별 도움이 되지 않았음을 솔직히 고백한다. 선시티로 들어가는 입구를 찾지 못해 시골길을 지나쳐 버린 후 아차, 하고 다시 핸들을 돌렸을 때의 낯설음은 당혹감을 넘어서 나에게 남아공에서만 느낄 수 있는 야간 주행의 스릴마저 느끼게 해 주었다. 솔직히 이제야 자신 있게 말하지만, 선시티를 찾아가는 길은 그리 어렵지 않았다. 단, 초행길이라면 야간 주행을 피하는 것이 좋다. 낮에 이동하거나 내비게이션을 이용하는 것이 현명하다.

아프리카 최초의 거대한 인공 휴양지 선시티

아프리카의 라스베이거스를 표방하는 선시티는 황량한 불모지를 개발하여 만든 초호화 인공 휴양지다. (도시 이름이 아니다) 노스웨스트 프로빈스에 자리한 선시티는 프리토리아에서는 서쪽, 요하네스버그에서는 북서쪽에 있다. 자동차로 프리토리아에서 약 두 시간, 요하네스버그에서 세 시간 거리여서 휴식과 사파리 투어, 골프, 카지노 등을 즐기기 위해 많은 방문객이 찾아온다. 선시티가 사람들의 입에 오르내리는 이유는 카지노를 비롯한 각종 대규

▲▼ 팰리스 오브 더 로스트 시티 입구와 그 앞에 놓인 야생동물 조각상

모 위락시설과 휴양시설이 있기 때문이다. 물론 아프리카 최대의 6성급 호텔이 들어서 있는 점도 놀랍다. 국제 규모의 골프대회를 열 수 있는 코스가 두 군데나 있다. 그리고 각종 엔터테인먼트와 아웃도어 액티비티를 즐길 수 있는 조건도 완벽하게 갖추고 있다.

선시티가 완공된 시기는 1979년이다. 당시는 아파르트헤이트 시대였다. 선 인터내셔널 그룹에서 야심차게 만든 이 카지노 리조트는 당시만 해도 백인 외에는 접근이 불가능했다. 하지만 오늘날에는 어떤 피부색을 지녔든 입장이 가능하다. 숙박이 필요 없다면 카지노나 식도락, 엔터테인먼트 쇼, 인공 해변에서 해수욕을 즐긴 뒤 떠나도 아무 문제 없다.

선시티에는 현재 가장 큰 팰리스 오브 더 로스트 시티 호텔과 케스케이즈 호텔, 선시티 호텔, 카바나스 호텔 등 고급 호텔들이 모여 있다. 대규모 카지노 시설은 선시티 호텔과 엔터테인먼트 센터에 들어서 있다.

아프리카 최대 규모의 팰리스 오브 더 로스트 시티 호텔은 마치 아프리카 열대 정글 속에 은둔하고 있는 미지의 왕궁에 대한 상상을 불러일으킨다. 혹자는 호텔 모습을 보고 가우디의 작품세계를 떠올리기도 하고, 혹자는 우스꽝스러운 키치 스타일의 건물이라고 폄하하기도 한다. 아무튼 이 호텔의 특징 중 하나는 큐폴라cupola 양식의 기둥에서 찾아볼 수 있다. 여러 기둥들로 멋을 낸 연한 갈색 톤의 호텔 외관은 흉내 낼 수 없는 위엄과 신비로움을 자아낸다. 아프리카 정글을 모티브로 하여 호텔 로비 천장에 그려진 프레스코화도 인상적이다.

이 호텔에는 네 개의 팬트하우스급 스위트를 비롯하여 스탠다드룸, 럭셔리 패밀리룸, 주니어 스위트 등 338개의 객실이 있다. 네 개의 팬트하우스급

아웃도어 풀 주변의 조형물

스위트는 그야말로 꿈의 객실이라 불리기에 부족함이 없는데, 자쿠지, 사우나 시설을 비롯해 프레스코 천장화, 핸드 메이드 목조가구 등이 들어서 있으며 거대한 정글의 속삭임이 들릴 것 같은 전망 좋은 발코니를 갖추고 있다. 이밖에 마사지 및 각종 보디 케어 서비스를 제공하는 스파 시설과 뷔페 레스토랑, 이탈리안 레스토랑, 바 라운지, 인공폭포, 고급 주얼리 숍과 민예품 숍 등이 있다.

　사실 팰리스 호텔은 오픈 초기에 아프리카 최대의 호텔로 명성이 자자했다. 객실료 역시 고가였다. 하지만 근래 들어 남아공의 경제가 위축되고 남아공 화폐인 랜드화가 추락하면서 많이 낮아졌다. 현재 비수기 스탠다드룸 요금은 300달러 정도다.

선시티에서 즐기는
다양한
엔터테인먼트

카지노에 관심이 없더라도 선시티에 들러야 하는 이유 중 하나는 흥미진진한 엔터테인먼트와 여가를 즐길 수 있기 때문이다. 팰리스 오브 더 로스트 시티 호텔과 선시티 호텔 앤 카지노 사이에 있는 선시티 엔터테인먼트 센터는 이곳의 엔터테인먼트와 이벤트를 총괄하는 곳이다. 케스케이즈 호텔과는 통로로 연결되어 있기도 하다.

아프리카에서 즐길 수 있는 뮤지컬 쇼

선시티 엔터테인먼트 센터에는 실내 공연장인 수퍼볼Superbowl이 있다. 이 공연장에서는 거의 매일 다채로운 공연이 열린다. 세계적인 아티스트들이 참여하는 뮤지컬과 신명나는 록 뮤지컬 등이 무대에 오른다. 뮤지컬에 관심이 있거나 뉴욕이나 런던이 아닌 남아공에서 영어로 진행되는 뮤지컬 쇼를 보고 싶다면 선시티에 머물면서 남아공의 뮤지컬 수준을 엿보는 것도 좋다. 이곳이야말로 아프리카의 다른 곳에서는 기대할 수 없는 기상천외한 쇼와 화려한 무대가 관객을 흥미진진하게 만든다. 나이트 라이프의 환상적인 멋을 즐길 수 있는 곳이 바로 선시티다.

엔터테인먼트 센터에는 이밖에도 각종 게임시설과 레스토랑, 패스트푸드 아울렛이 있고, 어린이들을 위한 각종 놀이시설이 있다. 또한 무비 존에서는

▲▼ 선시티 엔터테인먼트 센터의 화려한 쇼

온 가족이 즐길 수 있는 개봉작이 극장 두 곳에서 매일 여러 편 상영된다.

매직 컴퍼니 게임 아케이드에서는 어린이나 청소년들이 비디오 게임과 인터렉티브 컴퓨터 게임을 즐길 수 있다. 이곳에서는 청소년들을 위한 클럽 파티도 열린다. 13~17세 청소년들을 상대로 새로운 친구를 만나고 사귈 수 있는 기회의 장을 마련해 주는 건전한 파티 문화다. 알코올 음료는 허가되지 않으며 방학기간에는 매일 밤, 그 외에는 매주 금요일, 토요일 오후 7시부터 오전 1시까지 열린다. 어른들을 위한 시설로는 24시간 문을 여는 카지노와 레스토랑, 바, 카페를 비롯해 나이트 클럽, 부티크 숍, 크래프트 숍 등이 있다.

엔터테인먼트 센터 웰컴 센터에서는 렌터카를 비롯한 교통편을 예약해 주며 사파리 투어, 아웃도어 액티비티, 팰리스 오브 더 로스트 시티 호텔 내부 투어 등의 프로그램을 제공한다.

세상에서 가장 아름다운 인공 해변

선시티 팰리스 호텔에서 하루 머물면서 가장 좋았던 점은 인공 해변에서 한가로운 시간을 보낸 것이다. 팰리스 오브 더 로스트 시티 호텔 뒤편에 놓인 밸리 오브 웨이브Valley of Waves는 자타가 공인하는 세계에서 가장 아름다운 인공 해변이다. 인공적으로 만들어졌음에도 너무나 자연스럽게 보인다는 점이 이곳의 특징이다.

그 때문에 일광욕을 하고 있는 사람들조차도 아프리카의 어느 해안가에 와 있는 것 같다고 말한다. 그만큼 낭만적이고 이국적인 풍광을 담고 있다. 해안가에서 공수해 왔을 백사장과 야자수, 인공 파도 등 무엇 하나 나무랄 데 없이 완벽한 트로피컬 비치 모습이 경이로울 뿐이다.

게다가 주변에 인공 폭포가 있어 시원함을 더해 준다. 손님들의 휴식처로 사용되는 아레나 원형경기장과 거대한 암석 기둥이 놓여 있는 모습은 카르타고의 고대 로마 유적지를 연상시킨다.

골퍼를 위한 수준급 라운딩 코스

선시티에 와서 빼놓을 수 없는 것 중 하나가 바로 골프다. 선시티 리조트의 게리 플레이어Gary Player 컨트리 클럽과 로스트 시티Lost City 컨트리 클럽 등 수준급 골프 코스가 있다.

남아공 출신의 전설적인 골프 황제 게리 플레이어가 설계한 게리 플레이어 골프 코스는 남아공에서 가장 유명할 뿐 아니라 세계적 규모를 자랑한다. 해마다 이곳에서 남아공의 권위 있는 대회인 네드뱅크Nedbank 골프 챌린지 대회가 열린다.

이 컨트리 클럽 안에는 헬스 스파를 비롯해 마사지 시설, 짐나지움,

선시티 인공 해변

게리 플레이어 컨트리 클럽의 골프 코스

프로 숍 등 다양한 시설을 갖추고 있다. 또한 아침과 점심 메뉴를 제공하는 게리 플레이어 레스토랑도 있다. 단, 게리 플레이어 골프 코스는 매주 월요일 문을 닫는다.

18홀 코스인 로스트 시티 컨트리 클럽은 게리 플레이어 컨트리 클럽에 비해 규모가 작지만 팰리스 오브 더 로스트 시티 호텔을 바라보는 독특한 장관을 선사한다. 크로커다일 라운지를 겸한 레스토랑, 프로 숍 등의 시설을 갖추고 있으며, 골프 코스는 매주 화요일 문을 닫는다.

아담하지만 알찬
필랜즈버그
국립공원

필랜즈버그 국립공원은 남아공에서 네 번째로 큰 야생동물 보호구역으로 노스웨스트 주에 위치해 있다. 이곳을 찾는 여행자들은 대부분 선시티에서 휴가를 즐기러 온 것이다. 실제로 선시티의 호텔에서 이곳 공원 입구까지 차량으로 1시간 반 정도의 거리다. 따라서 대부분의 사파리 투어 참여자들은 선시티의 호텔에서 제공하는 가이드 투어를 통해 서너 시간 일정으로 필랜즈버그 국립공원을 둘러본다.

1979년 대규모로 야생동물을 이주시키다

이곳은 남아공의 다른 야생동물 보호구역에 비해 규모는 작은 편이지만 경관은 매우 인상적이다. 주변은 1,500미터 높이의 휴화산들로 둘러싸여 있고 오래전에 형성된 만크웨 호수Mankwe Lake가 있어 이 국립공원의 야생동물에게 필요한 물을 공급해 준다.

필랜즈버그 국립공원은 자연적으로 형성된 야생동물 보호구역은 아니다. 1979년 이후 오퍼레이션 제네시스라는 회사가 주요 야생동물 수십 마리를 이곳으로 이주시켰다. 그 후 꾸준히 개체수가 증가하여 사자, 표범, 치타, 자칼, 하이에나, 코뿔소, 코끼리, 기린, 얼룩말, 하마, 버펄로 등이 살고 있다. 또한 세이블, 이랜드, 쿠두, 겜스복 등 다양한 앤틸로프영양도 서식한다. 2000년 이후에는 이곳에서 아프리칸 들개도 관찰되었다. 자연적으로 다른 곳으로부터 이주해 오는 동물들도 생겨나기 시작한 것이다. 또한 300여 종의 다양한 조류들이 보금자리를 두고 있다.

필랜즈버그 국립공원을 제대로 보려면 투어에 참여하는 것보다 차량을 렌터해 국립공원 곳곳을 둘러보는 것이 좋다. 이곳에서 많은 시간을 보낼수록 더 다양한 종류의 야생동물을 만날 수 있다. 참고로 선시티를 통해 방문하지 않더라도 요하네스버그나 프리토리아 여행사 투어를 통해 방문하는 것도 가능하다.

이른 아침 시작된 사파리 투어

필랜즈버그 국립공원 투어는 오전 6시부터 시작되어 일찍 서둘렀다. 개인적으로 꼼꼼히 돌아보고 싶었지만 두어 시간 투어에 참여했다. 이른 새벽 호텔에서 준비해 준 아침 식사를 먹고 서둘러 사파리 투어 차량에 올라탔다. 졸린 눈을 비비며 여행자들이 삼삼오오 모여들기 시작했다.

차츰 날이 밝아오고 있었지만 아직 어둠이 가시기 전이었다. 야생동물을 가장 쉽게 볼 수 있는 시간은 새벽 6~7시경으로 해가 뜨기 직전부터 해가 뜬 직후라고 한다. 그래서 사파리 투어는 이른 아침부터 시작된다.

이 국립공원으로 들어가는 관문은 모두 네 군데다. 그중 선시티에서 가까운 남문을 통해 공원 안으로 진입했다. 필랜즈버그 국립공원은 공간이 탁 트여 있어 멀리 있는 동물도 쉽게 시야에 들어왔다.

필랜즈버그 국립공원에 서식하는 기린과 얼룩말

코끼리 220마리가 살고 있는 땅

 기린과 얼룩말은 이 공원에서 가장 쉽게 볼 수 있는 야생동물이다. 170마리의 기린과 무려 1,700마리에 달하는 얼룩말이 공원 곳곳에 흩어져 살고 있는데, 흥미롭게도 기린이 있는 곳에는 항상 얼룩말이 붙어다녔다. 기린과 얼룩말이 한가롭게 노닐고 있는 것으로 보아 주변에 사자나 표범 등 다른 포식동물은 아직 활동을 하지 않고 있음을 알 수 있었다. 사실 대부분의 포식동물은 사냥을 위해 밤에 움직인다. 방문객들 역시 나이트 사파리를 통해서 사자, 표범 등 주요 포식자들의 모습을 엿볼 수 있다.

 먼 발치에서 코뿔소도 몇 마리 보았다. 이곳의 코뿔소는 블랙 리노와 화이트 리노 두 종류다. 블랙 리노의 몸 색깔은 브라운이나 회색에 가깝다. 오늘날 블랙 리노는 멸종 위기에 처해 있다. 화이트 리노는 Wyd넓다라는 아프리칸 단어를 오용해서 화이트 리노 이름을 잘못 붙여 생긴 것이다. 화이트 리노는 블랙 리노에 비해 뿔 아래 입이 더 넓은 게 특징이다.

 워터호그 무리의 이동은 가이드가 재빨리 말해 주지 않았더라면 놓칠 수도 있다. 90년대 디즈니 애니메이션 영화 〈라이온 킹〉에서 품바라는 이름으로 나온 워터호그는 이곳을 방문한 아이들에게 친근한 동물이다.

 이 공원에 전체 코끼리 수는 약 220마리인데, 이들을 한데 모아 놓는다면 얼마나 대단할까? 잠시 엉뚱한 상상을 해 보았지만 실제로 그런 일이 벌어진다면 정말 장관일 것이다.

자족해야 기쁨을 누릴 수 있다

 이곳에서 정말 보고 싶은 야생동물은 사자나 표범이었다. 현재 각각 50마리, 30마리가 살고 있다고 한다. 하지만 사자나 표범은 쉽게 발견되지 않았다. 특히 표범은 매우 예민해서 사람들의 이동을 눈치채면 다른 곳으로 슬그머니 이동한다.

"혹시 이곳에서 사자를 보았나요?"

살짝 다른 여행자에게 물어보았다.

"네, 아주 가까이에서 봤어요. 하지만 아쉽게도 코뿔소는 보지 못했어요."

"아, 그래요. 저는 코뿔소는 보았는데 사자를 보지 못했어요."

"하하, 그렇군요."

우리는 각자 자신이 보지 못한 동물에 대한 아쉬움을 달래며 허탈한 웃음을 지었다. 이상하게도 사파리를 하다 보면 본 것에 대한 기쁨보다 보지 못한 것에 대한 아쉬움이 더 클 때가 많다. 아마도 인간의 욕심이 아닐까 싶다. 본 것만으로 만족하지 못하는 마음, 이 마음 때문에 남이 본 것을 부러워하고 남이 보지 못했지만 나만이 본 것에 대해 자족하지 못한다. 자족하지 못하면 사파리의 기쁨을 누릴 수 없다.

사자와 표범에 대한 아쉬움은 훗날 아프리카의 다른 지역에서 그 갈증을 풀었다. 사자나 표범을 보려면 나이트 사파리에 참여하는 것이 좋다고 가이드가 귀띔한다. 실제로 나 역시 훗날 나미비아의 한 국립공원 나이트 사파리에서 함께 먹이를 먹고 있는 사자 일곱 마리를 만나게 되었다. 컴컴한 대지 위에 밤공기를 마시며 사륜구동형 차량을 타고 야생동물을 뒤쫓는 경험은 아프리카가 아니라면 느낄 수 없는 체험이다.

▲ 이른 아침의 사파리 투어   ▼ 이 공원에서 관찰할 수 있는 '누' 무리

케이프타운의
아픈 역사

남아공 남서쪽에 자리한 케이프타운은 오늘날 여행자에게 가장 인기 있는 도시다. 아마도 드라마틱한 산세와 스펙타클한 자연경관이 주변에 끝없이 펼쳐져 있기 때문일 것이다. 그런데 케이프타운의 역사 또한 이 도시 주변의 자연경관만큼 드라마틱하다.

남아공의 첫 유럽인 정착지

케이프타운은 남아공의 다른 도시에 비해 백인이 많다. 역사적으로 백인들이 처음 정착한 도시이기 때문이기도 하다. 물론 인종별 인구비율로 볼 때는 컬러드혼혈가 가장 많다. 1652년 네덜란드인 얀 반 리벡이 이곳에 네덜란드 동인도회사의 보급기지를 건설한 것이 이 도시 건설의 시초가 되었다. 그전에 이곳은 코에산이라 불리는 유목민 부족의 땅이었다.

동인도회사는 이 유목민 부족을 기지 건설에 이용하고자 했으나 이들이 자리를 피하자 어쩔 수 없이 노동력을 확충하기 위해 마다가스카르, 인도, 스리랑카, 말레이시아, 인도네시아 등지로부터 노예를 사들여 데리고 왔다. 건설중인 보급기지에는 여성 인력이 절대 부족했는데, 당시 유럽인들은 이를 확충하고자 현지 코에산 부족과 여성 노예들을 성적 노리개로 삼거나 노동력을 착취하는 등 부당하게 이용했다.

그 결과 오늘날 남아공 전역에서 볼 수 있는 혼혈 인종 컬러드가 탄생하게 되었다. 컬러드는 백인과 흑인 사이의 혼혈뿐 아니라 이주 노동자 아시아인들과 백인 또는 아시아인들과 흑인 사이에서 태어난 혼혈도 있다. 아시아 노동자 중에는 무슬림도 상당수 있어 오늘날 컬러드 중에 무슬림계가 많다. 이들을 케이프 무슬림Cape Muslim이라 부르기도 한다.

동인도회사의 보급기지로 건설된 카프슈타트Kaapstad, 오늘날의 케이프타운는 150년간 네덜란드의 통치를 받으며 유럽과 아프리카, 아시아를 잇는 보급로의 중간기지로 명성을 얻었다. 실제로 당시 유럽을 떠나 아시아로 가는 모든 선박이 이곳을 중간기지로 활용하였다.

대영제국의 등장

하지만 18세기 말 동인도회사가 파산하게 되자 재빠르게 대영제국은 이 지역에 관심을 갖게 되었다. 한마디로 노른자위 같은 이곳을 호시탐탐 노리다 기회를 갖게 된 것이다. 1806년 영국이 케이프타운 북쪽 25km 지점인 블루버그스트란드에서 네덜란드와의 전투에서 승리를 거두자 1814년 8월 13일 케이프타운의 통치권이 영국으로 넘어가게 되었다. 1808년에 노예무역은 공식적으로 폐지되었고 1833년에는 기존 노예들이 모두 해방되었다.

1870년대부터 1880년대까지 남아공의 북동부 지역에서 금광과 다이아몬드 광산이 개발되면서 케이프타운은 더 이상 이 나라의 유일한 중심도시가 되지 못했다. 알다시피 요하네스버그, 프리토리아가 번영하며 새로운 중심도시로 떠오르게 된 것이다.

테이블 마운틴에서 내려다본 케이프타운 시가

해안선을 따라 이동하는 케이프타운 열차

아파르트헤이트와 타운십

1901년 이 도시에 선페스트라 불리는 흑사병이 돌자 당국은 흑인 노동자들을 비난하며 격리시키기 시작했다. 이때부터 흑인들은 시내 외곽으로 밀려나 살게 되었다.

1948년 국민당National party이 아파르트헤이트 정책을 들고 나와 선거에서 승리하며 집권을 하게 되자 흑인과 컬러드에 대한 여러 권리들이 박탈되고 아파르트헤이트 정책을 위한 크고 작은 조직들이 창설되었다. 이로 인해 디스트릭트 식스District Six라는 흑인 거주지역이 만들어지게 되었는데, 이는

케이프타운 거리 모습

훗날 케이프 플래츠Cape Flats라 불리는 타운십Township이 되었다.

그 후 백인 정부는 아파르트헤이트 정책에 저항하는 운동의 중심지가 된 흑인들의 불법 거주지역을 근절하려고 끊임없이 시도했다. 가장 마지막 시도가 1986년 5월과 6월 사이에 있었는데, 이때 7만 명의 흑인이 다른 곳으로 강제 추방되었고, 수백 명이 백인 경찰에 의해 살해되었다. 하지만 이러한 비극적인 사건이 되풀이되었음에도 불구하고 백인 정권은 흑인들을 불법 거주지에서 완전히 추방해 내지 못했다.

테이블 마운틴이 바라보이는 케이프타운 외곽의 한적한 해변

백인들은 떠나가고 흑인들은 들어오고

1990년 2월 11일 넬슨 만델라가 감옥에서 풀려난 뒤 불과 몇 시간 뒤에 그는 케이프타운의 시청사 발코니에서 흑인이 주도하는 남아공의 새로운 시대의 시작을 알리는 연설을 하였다. 이 연설을 시작으로 마침내 1993년 남아공의 흑인들은 참정권을 얻게 됨으로써 법률적으로 백인과 동등한 지위를 얻게 되었다.

아파르트헤이트가 폐지된 후에 케이프타운에는 많은 변화가 일어났다. 이곳에 오랫동안 터전을 두고 있던 백인들이 영국 등 다른 나라로 떠났다. 대신 빈자리에 흑인들이 들어왔다. 그렇다고 이 도시의 부를 흑인들이 누리고 있는 것은 아니다. 여전히 케이프타운의 타운십에는 가난하게 사는 흑인들이 대다수다.

90년대 이후 케이프타운에서 흑인 이주민들의 유입으로 인종별 인구비율도 변화되었다. 백인들의 구성비가 줄고 흑인들의 구성비가 늘어난 것이다. 예전에는 요하네스버그에 비해 치안이 안정되었다는 평가를 들었지만 최근에는 밤늦은 시각에도 치안을 걱정하는 이들이 많다. 특히 워터프론트 등지나 시내 한적한 곳에서 홀로 밤거리를 걸어다니는 것은 매우 위험하다. 이러한 상황 역시 다른 지역의 흑인들이 유입되면서 생긴 이 도시의 변화된 모습 중 하나다.

지구상에서
가장 아름다운 도시
케이프타운

남아공 웨스턴 케이프 지방 남서쪽에 케이프반도가 있다. 세계에서 가장 아름다운 도시 중 하나인 케이프타운은 이 반도의 북단에 위치해 있다. 케이프타운은 남아공에서 두 번째로 큰 도시이자 이 나라의 입법수도로 국회가 들어서 있다. 도시 면적은 400km²이고 인구는 43만 명이다.

케이프타운은 테이블 마운틴을 배경으로 대서양을 바라보는 아름다운 해변을 가진 꿈의 도시다. 감히 말하건대, 나는 아직 지구상에서 케이프타운만큼 지리적 경관이 뛰어난 도시를 보지 못했다. 세계 3대 미항으로 리우 데 자네이로, 시드니, 나폴리를 꼽는데, 나는 케이프타운이 그중 하나가 되어야 한다고 생각한다.

여행자에게 케이프타운은 한없이 여유로운 곳이다. 어느 곳을 가도 테이블 마운틴이 드넓게 펼쳐져 있고, 어디서든 바다가 보일 정도로 확 트인 자연경관을 자랑한다. 그냥 이곳에 와서 관광 리스트를 체크해 가며 열을 올릴 필요 없이 바닷가 야자수 아래 앉아 테이블 마운틴을 바라보며 바닷바람만 쐬도 저절로 힐링이 되는 그런 곳이다.

그런데 케이프타운의 매력은 자연경관과 지리적 조건에만 있는 것은 아니다. 이곳은 남아공에서 가장 기발하고 독창적인 디자인 호텔, 레스토랑, 카페, 상점이 즐비하다. 밝은색 페인트로 파사드를 칠한 보 캅 지구의 집들에

▲ 케이프타운의 워터프론트 주변 모습　▼ 워터프론트의 방문객들

서부터 빅토리안 건축양식의 콜로니얼풍 건물, 스타일리시한 감각으로 새롭게 단장한 부티크 호텔, 컨템퍼러리 스타일의 아프리칸 시크로 치장한 아트숍까지 이 도시의 개성과 매력은 보면 볼수록 다양하고 신비롭다.

케이프타운은 아웃도어 액티비티의 메카이기도 하다. 놀라운 자연경관 아래 다양한 액티비티 활동이 가능하다. 물 위에서 즐기는 서핑, 카이트서핑, 윈드서핑은 물론 패러세일링, 요팅, 마운틴 하이킹, 사이클링 투어, 스쿠버다이빙, 바다낚시, 암벽타기 등 다양한 어드벤처 액티비티를 즐길 수 있다. 특히 패러글라이딩은 라이온스 헤드 중턱에서 시작하여 케이프타운 일대와 그 주변의 바다 풍광을 하늘에서 마음껏 감상하는 체험을 할 수 있어 좋다.

또한 크루즈 투어를 통해 듀커 아일랜드 등지에서 수백 마리의 물개와 다양한 바닷새를 관찰할 수 있다. 이밖에도 워터프론트에서 출발하는 하버 크루즈는 테이블 마운틴 일대의 일몰을 감상할 수 있는 기회를 선사한다.

케이프타운이 매력적인 이유 중 하나는 바로 기후다. 지중해성 기후여서 사계절 내내 지중해의 어느 도시에 와 있는 듯한 착각이 든다. 여름에는 무덥지만 늦가을이나 초봄에는 서늘하고 겨울에도 그다지 춥지 않아 해변에 앉아 겨울바다를 감상하거나 해변 산책을 즐길 수 있다.

사실 아프리카 남서부 대서양 연안 가까이에서 흐르는 해류의 영향으로 케이프타운 일대는 겨울철에도 온화하다. 남아공은 남반구에 위치해 있어 봄이 시작되는 11월부터 가을 문턱의 4월까지 관광객들이 케이프타운을 가장 많이 찾는 성수기다.

▲ 워터프론트의 작은 쇼핑몰   ▼ 케이프타운의 푸드트럭

테이블 마운틴에서 바라본 눈부신 에메랄드빛 대서양 바다

콜로니얼풍의 도시 롱 스트리스

케이프타운의 중심부는 테이블 베이와 접해 있다. 도시 남쪽에는 테이블 마운틴과 시그널 힐이 자리하고 있으며, 동쪽에는 데빌스 피크, 서쪽에는 라이온스 헤드라는 작은 산이 있다.

케이프타운은 남아공 최대의 도시 요하네스버그와는 달리 유러피언 스타일이다. 실제로 케이프타운을 비롯한 케이프반도 일대는 백인들만의 자치공화국이나 다를 바 없을 정도로 한가로운 삶을 즐기는 백인들의 모습이 눈에 많이 띈다.

여행자 편의시설이 모여 있는 롱 스트리트

케이프타운 시내 중심가인 롱 스트리트는 이 도시에서 가장 활발한 분위기를 느낄 수 있는 곳이다. 최근 다른 지역에서 몰려온 흑인 부랑자들 때문에 약간의 치안 문제가 발생하기도 하지만, 조금만 주의하면 이 거리는 안전한 편이다.

롱 스트리트에는 레이스로 장식한 발코니가 있는 빅토리안 스타일 건물들이 많다. 콜로니얼풍 도시 중심가인 만큼 롱 스트리트에는 관광객들의 눈길을 끌 만한 독특한 기념품이나 공예품을 파는 상점과 여행자들이 라운지 뮤직을 들으며 시원한 음료를 즐기기에 좋은 바와 카페가 들어서 있다.

스타일리시한 감각으로 변신한 호텔들은 여행자들이 눈여겨보아야 할 이 거리의 편의시설이다. 배낭여행자들을 위한 호스텔이나 게스트하우스도 있다. 밤에는 유흥의 중심으로 변신하기도 하는데 록, 재즈, 블루스 등 신명나는 라이브 공연을 펼치는 카페가 늘어서 있다.

이 거리에서 서쪽으로 세 블록 떨어진 곳에 있는 보 카프 뮤지엄Bo-Kaap Museum에는 오래전부터 케이프타운에 거주해 온 이슬람교도들의 생활과 역사 관련 자료들이 전시되어 있다. 이 주변의 로즈 스트리트Rose Street와 차피니 스트리트Chappini Street를 중심으로 한 일대를 말레이 쿼터라 부른다.

17세기 이래 동인도회사로부터 노예로 팔려 이곳에 와 노동을 했던 말레이시아, 인도네시아 출신 노예들의 후손이 아직도 그들의 문화를 보존하며 이곳에 살고 있다. 이 때문에 케이프타운 중심가에는 이슬람 사원들이 눈이 띈다. 말레이 쿼터는 흔히 보 카프 지구라고 부르기도 하는데, 이곳은 컬러풀하게 벽면을 칠한 집들이 일렬로 들어서 있어 매우 다채롭다.

별 모양의 요새, 캐슬 오브 굿 호프

케이프타운에서 가장 인상적인 건축물은 아마 캐슬 오브 굿 호프castle of Good Hope일 것이다. 이 요새는 17세기 동인도회사 총독이 거주하던 곳이다. 1666년에 착공하여 1679년에 완공되었다. 겉에서 보면 매우 단단한 철옹성 같은데, 아마도 적의 침입에 대비해 견고한 요새로 만든 게 아닌가 싶다.

이 요새는 5각형의 성벽으로 구성되어 있는 것이 특징인데, 하늘에서 내려다보면 마치 별 모양을 보는 듯하다. 이 요새의 성벽 길이는 각각 175m, 높이는 10m다. 오늘날 이 건물은 남아공 육군사령부 집무실로 사용되고 있다.

▲▼ 질서정연한 케이프타운 롱 스트리트 모습

다행히 건물 일부가 개방되어 요새 내부를 엿볼 수 있다. 박물관과 전시관에 각 시대별 회화, 도자기, 가구 등과 군대에서 사용하는 각종 무기와 군인들의 물품 따위가 전시되어 있다.

요새 서쪽에 있는 위치한 시청사는 이 도시에서 가장 유럽적인 건축물 중 하나다. 1905년에 완성된 건물로 1990년 넬슨 만델라가 감옥에서 출소했을 때 이곳 발코니에 서서 새로운 시대의 개막을 알리는 연설을 했던 곳으로 유명하다. 1923년에 만든 종루에는 모두 32개의 종이 달려 있다. 이곳 종루는 런던 국회의사당의 빅뱅을 절반 크기로 복제한 것이라고 한다.

시청사에서 서쪽으로 발걸음을 옮기면 남아공 의회정치의 본산인 국회의사당 건물이 나온다. 코린트식 열주로 멋을 낸 파사드가 인상적인 이 건물은 신관과 구관으로 나뉘어져 있는데, 개회 중에는 구관 견학이 가능하다. 건물 내부는 대리석으로 이루어진 화려한 구조이며 실제 의회 모습을 볼 수 있다. 국회의사당 투어는 예약이 필수이고 방문시에는 여권 등 신분증을 지참해야 한다.

국회의사당과 나란히 길게 들어서 있는 컴퍼니 가든은 1652년 이 도시를 창설한 네덜란드 식민통치자 얀 반 리벡이 만든 농원이다. 그는 이곳에서 야채와 과일을 키워 항해 때 신선한 야채와 과일을 배에 싣게 했다.

남아공에서 가장 오래된 농원인 이곳은 오늘날 진기한 식물과 수목이 자리한 곳으로 유명하다. 시민의 휴식처 역할을 하는 이곳에 카페, 레스토랑이 들어서 있고 18세기에 설치한 해시계와 일본에서 가져온 석등이 놓여 있다.

케이프타운 어느 카페의 아웃도어 테이블

▲▼ 벼룩시장 모습과 전통문화를 담은 그림들

옛 항구 모습을
간직한
워터프론트

롱 스트리트와 함께 도심에서 여행자들에게 가장 인기 있는 지역은 워터프론트 Waterfront다. 정식 명칭은 영국 빅토리아 여왕과 그의 아들 이름을 딴 빅토리아앤 알프레드 워터프론트다. 원래 이곳은 빅토리아 앤 알프레드 베이와 테이블 베이 사이의 옛 항구 자리를 새롭게 단장한 것으로 예전에는 크고 작은 배가 정박하던 곳이었는데, 요즘은 관광객을 실어 나르는 하버 크루즈 habour-cruise 요트와 작은 어선들이 있다. 오가는 선박 수도 지난날에 비해 터무니없이 적다. 오늘날에는 항구로서의 기능보다 관광객들을 위한 명소로 유명하다.

워터프론트는 시내에서 가까워 신선한 바닷바람을 쐬러 나온 주민들과 관광객들로 인산인해를 이룬다. 분위기 좋은 노천 카페와 다양한 시푸드를 즐길 수 있는 레스토랑이 있어 사람들의 발길이 끊이지 않는다. 게다가 거대한 인도어 쇼핑몰과 수많은 상점이 들어선 쇼핑 거리가 있다. 장인들의 솜씨를 볼 수 있는 수공예 센터를 비롯해 거대한 아쿠아리움, 여러 영화를 동시에 상영하는 멀티 시네마 등도 방문객들에게 큰 호응을 얻고 있다.

유네스코 세계문화유산으로 지정된 로벤 아일랜드

케이프타운의 색다른 관광명소로 급부상하고 있는 곳이 바로 로벤 아일랜

▲ 워터프론트와 그 중앙에 자리한 올드 포트 캡틴스 빌딩 　▼ 케이프타운 주요 관광 명소인 워터프론트

드Robben Island다. 워터프론트에서 배를 타고 30여 분 달려 가면 아파르트헤이트 시대에 정치범의 교도소였던 섬이 나타난다. 이곳은 1999년 남아공에서 최초로 유네스코 세계문화유산으로 지정되었다.

사실 로벤 아일랜드는 17세기 중반부터 케이프타운에 네덜란드인들이 들어와 정착하면서부터 수용소로 사용되어 왔다. 케이프타운에서 14km 정도 떨어진 곳이어서 도시에서 죄를 범한 죄수나 전투에서 포로가 된 적군을 수감하기 좋은 지리적 조건을 갖추고 있다.

이 섬의 교도소에 수감된 20세기의 인물 중 가장 유명한 사람은 넬슨 만델라다. 그는 백인 정권의 아파르트헤이트 정책에 대항하다 이곳에서 18년 동안 수감생활을 했다.

2시간 30분가량 진행되는 가이드 투어에 참여하면 망혼의 상처가 배어 있는 교도소의 곳곳을 둘러볼 수 있다. 워터프론트 하버에서 로벤 아일랜드로 향하는 배는 매일 오전 8시부터 오후 3시까지 출항한다.

◀ 워터프론트 주변을 오가는 요트들

케이프타운에서의
즐거운
식도락 여행

남아공의 식민지 역사와 함께 케이프 지역에 유럽인들이 정착하고 아시아에서 이주해 온 사람들이 살게 되면서 이 고장의 음식문화도 이주민의 역사와 더불어 발전해 왔다. 이러한 연유로 남아공의 일부 요리는 케이프 말레이 요리에서 유래한다.

이 땅에 가장 먼저 둥지를 튼 네덜란드인들은 동인도회사를 통해 수많은 말레이인들을 데리고 왔는데, 이들이 이 지역의 음식문화를 발전시켜 나갔다. 특히 요리 솜씨가 뛰어난 말레이 여성들은 현지 음식을 바탕으로 동양에서 건너온 향신료를 활용하여 독특한 케이프-말레이 음식을 발전시켰다. 그중 오늘날까지도 현지 식당에서 쉽게 맛볼 수 있는 메뉴는 브레디, 보보티 등이 있다. 브레디는 야채 고기 스튜 비슷한 음식이고, 보보티는 소고기를 이용한 메뉴로 햄버거스테이크와 비슷하다.

사실 케이프타운은 잘 알려지지 않은 식도락 여행의 천국이다. 해산물 요리, 아프리카 전통 요리, 말레이 요리, 인도 요리, 웨스턴 메뉴 외에도 다양한 스타일의 음식들이 혼재해 있다. 여행자들이 가볼 만한 몇 군데 레스토랑과 그곳에서 제공되는 맛있는 음식들을 소개하겠다.

시푸드 전문 블랙마린 레스토랑

케이프타운에서 약 40km 떨어진 곳에 있는 사이먼스타운은 케이프타운을 방문한 여행자들이 남쪽의 희망봉으로 가기 전에 잠깐 들르는, 케이프타운 인근의 관광지다. 이곳에서 3km 정도 떨어진 볼더스 비치Boulder's Beach는 펭귄 서식지로 유명한 곳이다.

블랙마린Black Marine 레스토랑은 사이먼스타운 근처 시푸드 전문 맛집으로 미식가들에게 알려진 곳이다. 게다가 전망 좋은 언덕 위에 있어 케이프타운에서 다소 멀리 떨어져 있지만, 꿈에 그리던 인도양의 푸른 물결이 넘실대는 관경을 감상할 수 있어 벌써 월드 페이머스world-famous 반열에 오르기까지 했다.

시푸드 전문 블랙마린 레스토랑의 아웃도어 테이블

320명을 수용할 수 있는 현재 레스토랑이 자리한 건물은 예전에 고래잡이 본부로 쓰였던 곳이다. 고래잡이 시즌이 되면 이곳을 방문한 손님들은 아웃도어 테라스 테이블에 앉아 런치 메뉴와 함께 와인을 곁들이며 고래의 힘찬 모습을 볼 수 있었다.

이곳에서 추천할 만한 메뉴는 케이프 록 랍스터Cape Rock lobster, 시푸드 플래터Seafood platters 등이다. 좀 더 다양한 맛을 즐기고 싶다면 갑오징어를 스테이크처럼 살짝 구운 칼라마리 스테이크와 일종의 바닷가재인 클레이 피쉬Cray Fish, 새우 등이 한 접시에 함께 나오는 트리오 그릴Trio Grill 메뉴를 추천한다.

컬러풀한 아프리카 전통 메뉴를 맛보고 싶다면 아프리카 카페로

케이프타운에서 전통적인 아프리칸 느낌이 나는 레스토랑을 찾는 것은 쉽지 않다. 그만큼 케이프타운은 백인 성향이 강한 웨스턴 문화가 발달되어 있기 때문에 아프리카 흑인 고유 문화는 위축되고 소외되어 있는 게 사실이다. 그럼에도 케이프타운을 찾는 많은 관광객들은 이 유러피언 스타일의 도시에서 아프리카 전통 음식을 즐기고 아프리카 전통 민속춤을 보길 원한다. 그래서 등장한 곳이 바로 아프리카 카페Africa cafe다. 명칭은 카페지만 엄연한 레스토랑이고, 커피 한잔 즐기러 찾는 그런 카페와는 완전 다른 아프리카산 맥주와 전통주를 음미할 수 있다.

◀ 아프리카 카페의 웨이트리스와 다양한 메뉴들

무엇보다 마림바 밴드의 투박하면서도 리드미컬한 음악을 감상할 수 있어 좋다. 또 쿰보트 전통 댄스는 식후 소화까지 보장해 줄 정도로 울림과 탄력이 경쾌하기 그지없다. 이 레스토랑의 다이닝 공간은 각각 모로코 룸, 탄자니아 룸, 말리 룸, 이집트 룸, 남아공 줄루 룸으로 나뉘어 있다. 각각의 공간이 아프리카 고유의 독특한 아우라를 풍긴다. 이곳에서 제공되는 메뉴 역시 아프리카 여러 나라의 전통 음식을 선보인다. 이를테면 케냐의 코코넛 피쉬 요리, 콩고의 콩고 샐러드와 정글 소스, 말라위의 음바타타 치즈, 렌틸 콩과 라이스를 곁들인 수단의 페타 치즈 등이다.

스타일리시한 공간을 찾는다면 엠 바가 제격

엠 바M Bar는 케이프타운 시내 중심가에 자리한 메트로폴레 호텔 2층에 있는 모던 감각의 바 라운지다. 일반인들에게는 잘 알려진 곳이 아니지만 케이프타운의 젠틀한 매력남들과 발랄한 댄싱 퀸들이 모여드는 곳이다. 전체적으로 붉은색 톤의 공간에 강렬한 색감을 입힌 게 특징이다. 라운지는 타조 가죽으로 만든 빨간 가죽 소파와 베르사체 고유의 메두사 패턴이 들어간 옐로 톤의 소파로 구성되어 있다.

엠 바는 가슴이 뜨거워지는 케이프타운의 주말 밤에 가장 잘 어울리는 곳이다. 주말 밤마다 디제이가 나와 신나는 하우스 뮤직을 선보이며 흥을 돋우는데, 주말 저녁 이후를 신나게 보내거나 낯선 만남을 통해 파티를 즐기는 곳으로 추천하고 싶은 곳이다. 종종 라이브 재즈 연주가 펼쳐지기도 하며 금요일과 토요일 밤에는 디제이가 선사하는 짜릿한 리듬이 울리는 흥겨운 스테이지가 마련되기도 한다.

쇼핑하기
좋은 도시
케이프타운

케이프타운은 남아공에서 가장 쇼핑하기 좋은 도시다. 쇼핑 스폿도 많을 뿐 아니라 안전하게 쇼핑을 즐길 수 있기 때문이다. 근래에는 쾌적한 쇼핑몰도 곳곳에 들어서고 있어 여행자들의 눈길을 사로잡고 있다. 숍라이트Shoprite 등 대형 슈퍼마트 역시 여행자들이 눈여겨볼 만한 쇼핑 스폿이다.

케이프타운 제1 쇼핑 공간, 캐널 워킹 쇼핑몰

케이프타운에서 웨스턴 스타일의 쇼핑몰을 찾는다면 캐널 워킹 쇼핑몰 Canal Walking Shopping Mall이다. 고정관념이란 참 무서운 것이다. 설마 아프리카에 이 정도 어마어마한 규모를 지닌 쇼핑몰이 있을 거라고는 생각지 못했다. 아프리카 최대 규모의 이 쇼핑몰은 세계 어디에 내놓아도 전혀 손색이 없을 정도다.

현대식 시설과 아늑한 분위기, 400여 개의 점포가 들어선 쇼핑몰에는 각종 유명 브랜드를 비롯해 최신 할리우드 영화를 상영하는 시네마와 엔터테인먼트 및 레저 시설이 마련되어 있다.

이곳에 들어선 패션 브랜드는 탑샵, 디젤, 포레버21, 지스타 로, 휴고보스, 라코스테, 크록스, 아디다스 오리지널, 빌라봉 등이다. 세계 각국의 다양한 요리를 맛볼 수 있는 레스토랑, 카페, 베이커리 등도 있다. 지미스 킬러 프론

에서는 다양한 시푸드와 스시를 맛볼 수 있다. 또한 모터쇼 등 각종 이벤트와 전시회 등이 열리기도 한다. 무엇보다 관광객들의 눈길을 끄는 것은 각종 민예품을 파는 상점들이 모여 있는 인도어 전통시장이다. 시내 주요 호텔마다 캐널 워킹 쇼핑몰 셔틀버스를 운행하고 있다.

전통미를 담은 도자기 공예품, 아프리카 카페 세라믹

남아공은 아프리카의 특성을 잘 나타내는 양질의 각종 수공예품을 생산해내는 곳으로 유명하다. 아프리카 카페 1층에 진열해 놓은 세라믹 제품들은 케이프타운 인근에 있는 스튜디오에서 제작된 것으로 컵, 자기, 그릇 외에 손으로 직접 만든 양초, 남아공산 크리스탈 주얼리 등이 있으며, 각종 테이블 웨어도 판매한다.

남아공 부족들의 문화를 담은 패턴을 응용하거나 아프리카인들의 활기찬 하루 일상 속에서 드러나는 영감을 각각의 물건 속에 담아낸 것이 특징이다. 또한 파란 하늘과 무성한 산과 들, 노랗고 빨간 야생화 등 방대한 아프리카 대자연 속에서 드러나는 화려한 색깔을 입힘으로써 구매자에게 아프리카 대륙이 지닌 독특한 예술혼을 불러일으킨다. 세련된 디자인과 화사한 색채로 한껏 멋을 낸 세라믹 제품들은 모던한 인테리어 공간에도 아주 잘 어울린다.

◀ 캐널 워킹 쇼핑몰의 다양한 모습

친환경 스킨 앤 보디 케어 용품을 판매하는 에코코

남아공에서 뭔가 특별한 것을 찾는다면 에코코Ecoco를 주목할 필요가 있다. 에코코는 남아공에서 생산되는 천연 성분을 이용하여 럭셔리 스킨 앤 보디 케어 용품과 바스 용품 등을 판매하는 곳으로 유명하다. 이곳에서 생산, 판매되는 제품들은 100% 가공하지 않은 천연 재료 추출물에 의해 만들어지며, 첨단과학기술에 의해 저자극성hypo-allergenic 기능을 지니고 있다.

남아공의 유명 호텔이나 스파 센터 등에 바스 용품을 납품하기도 하는 에코코는 파뫼Fameux라는 브랜드로 각종 화장품, 바스 앤 보디 케어 용품, 아로마 세라피 용품 등을 선보이고 있다. 또한 허벌 뷰티 용품을 비롯해 민트나 멘솔향의 남성용 화장품, 보디 케어 용품도 판매한다. 무엇보다 자극적이지 않은 그윽한 자연향이 일품이다.

점포를 방문하면 스킨 타입에 따라 자신에게 맞는 용품을 직접 추천해 주기도 한다. 모던 라이프 스타일에 어울릴 만한 욕실용 액세서리도 판매한다.

삶의 활기를 불어넣는 아프리카 뮤직 숍

음악은 아프리카인들의 삶에 크나큰 원동력이 된다. 넬슨 만델라 전 남아공 대통령은 음악이야말로 억압받는 자들을 위한 구원의 도구이며, 자유와 정의를 위한 부르짖음이라고 했다. 케이프타운 롱 스트리트에 위치한 아프

▶ 아프라카 카페에 있는 세라믹 식기류와 스킨 케어 용품과 바스 용품으로 유명한 에코코

리카 뮤직 숍Africa Music Shop은 케이프타운에 정착한 독일인이 아프리카 음악에 심취하여 직접 운영하는 레코드숍으로, 아프리카 음악만을 전문적으로 취급하는 곳이다.

귀에 착착 감기는 감미로운 소울, 레게 음악을 비롯하여 아프리카 재즈, 가스펠, 마라비Marabi, 남아공 스타일의 재즈음악, 크웰라Kwela, 아프리카 재즈의 일종. 호루라기 소리가 나는 것이 특징 등 다양한 장르의 아프리카 음악을 소개하고 있다. CD 음반뿐 아니라 악사체Axatse와 같은 아프리카 전통 몸울림 악기나무 · 금속 · 돌과 같은 딱딱한 공명체를 진동시켜 음을 내는 악기나 아프리카 드럼 같은 크고 작은 전통 악기도 구입할 수 있다. 아프리카 음악에 문외한이라도 매우 소란스러운 음악일 것 같다는 편견을 버린다면 친절한 주인으로부터 편안한 잠자리에 어울릴 만한 음악을 추천받을 수 있다.

▲ 아프리카 뮤직 숍 내부
▼ 아프리카 리듬의 영감을 얻을 수 있는 CD

케이프타운의
다이아몬드 숍
린드

남아공은 전 세계적으로 다이아몬드 매장량이 가장 많은 나라 중 하나다. 다이아몬드 생산량 순위를 보면 러시아, 보츠와나, 콩고민주공화국, 호주, 캐나다, 짐바브웨, 앙골라, 남아공 순이다. 러시아의 경우 불필요한 땅이라 여겨졌던 시베리아 북부 아쿠티아 지방에서 세계에서 가장 큰 다이아몬드 광산이 여러 개 발견되었다.

남아공에서 다이아몬드 광산이 개발되기 시작한 것은 1870년대부터다. 케이프타운은 다이아몬드 광산이 개발되기 전까지만 해도 남아공의 최대 도시였다. 하지만 다이아몬드 광산 개발 후 그 자리를 요하네스버그에 넘겨주고 말았다.

남아공에는 현재 수많은 다이아몬드 광산이 있다. 그중에 다이아몬드 매장량이 어마어마한 광산도 있는데 아직 채굴되지 않았다고 한다. 이처럼 이 나라에 매장된 다이아몬드의 시가만 따져도 국민 전체를 먹여 살릴 수 있을 정도로 엄청난 가치를 지니고 있다고 한다.

하지만 다이아몬드 채굴산업은 정치적 이슈와 연결되어 있기 때문에 다이아몬드 매장량과 상품 가치가 곧바로 남아공의 수많은 빈민들에게 경제적 혜택으로 돌아가는 것은 아니다. 얼마 전 남아공에서 엄청난 크기의 다이아몬드 원석이 발견되었다는 소식이 들려오기도 했다.

우리가 보석가게에서 볼 수 있는 다이아몬드 반지나 목걸이, 귀걸이는 모두 다이아몬드 원석을 가공한 것이다. 남아공은 다이아몬드 원석 매장량이 많은 나라지만 가공 기술이 뛰어난 것은 아니다. 오히려 초정밀 기술이 필요한 다이아몬드 가공산업이 발달한 나라는 벨기에, 네덜란드 등 선진국들이다.

남아공을 방문한 여행자라면 당연히 이 나라에서 생산되는 다이아몬드 가공제품에 관심을 갖게 된다. 다행히 케이프타운에는 신뢰할 만한 다이아몬드 숍이 있다. 케이프타운 디자인 스쿨에서 보석공예를 전공한 젊은 부부가 운영하는 보석점 린드Linde는 직접 수공예로 제작한 보석류만 엄선하여 판매한다. 다이아몬드 및 각종 보석 등에 해박한 지식을 갖고 있는 남편이 손님에게 가장 어울릴 만한 보석 재질, 색깔 등을 추천해 주고, 아내는 2층 공방에서 손님이 주문한 대로 보석을 가공 디자인하여 완제품을 만든다.

이곳에서 취급하는 다이아몬드는 남아공의 드비어 광산회사에서 채집된 것들이다. 이것은 벨기에, 이스라엘 등지로 수출된 뒤 정교하게 가공되어 다시 들여온다. 그런 다음 빠르고 정확하게 액세서리로 만들어진다.

이곳에서 주목할 만한 것은 미화 3천 달러의 가치를 지닌 6캐럿짜리 팬시 옐로위시 브라운 다이아몬드Fancy Yellowish Brown Diamond다. 희귀성 때문에 값이 비싼 어두운 색 팬시 코냑 다이아몬드Fancy Cognac Brown Diamond도 눈여겨볼 만한 보석이다.

◀ 린드에서 만들어 내는 다양한 주얼리와 다이아몬드를 가공하는 모습

케이프타운의
디자인 호텔

케이프타운이 여행자들의 감성을 자극하는 도시인 만큼 숙소 역시 평범한 곳은 인기를 얻지 못한다. 그래서인지 케이프타운 시내와 그 주변에는 기발한 감각의 부티크 호텔이 여러 곳 있다. 그중에 여행자들에게 추천할 만한 몇 곳을 소개한다.

메트로폴레 호텔

케이프타운의 중심거리 롱 스트리트에 있는 이 호텔은 마치 뉴욕이나 런던에서 찾아볼 수 있는 아주 획기적이고 현대적인 공간에 와 있는 듯한 기분이 든다. '이곳이 과연 아프리카인가' 라는 의구심이 들 정도로 모든 것이 깔끔하고 세련됐다. 무엇보다 캐주얼한 분위기여서 경직되고 딱딱한 격식을 차리지 않아 마음이 편하다.

사실 꽤 오랜 역사를 지닌 메트로폴레 호텔은 두 차례 대대적인 보수를 하였고, 최근 들어 유명한 인테리어 디자이너인 프랑소와 뒤 쁠레시스의 진두지휘로 2004년 1월 새롭게 탄생하였다.

프랑소와는 어두운 객실 통로와 카펫으로 뒤덮인 바닥에 미니멀리즘의 요소를 가미하여 밝고 화사한 분위기를 연출하였으며, 기능성을 가진 활동적인 공간으로 탈바꿈시켰다. 객실은 프렌치풍의 부드럽고 새하얀 리넨으로

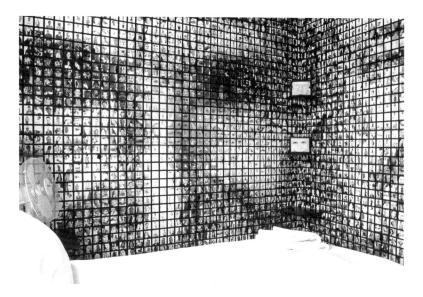

여러 개의 사진을 이어 벽면을 만들어 놓은 독특한 콘셉트의 객실

화사하게 멋을 내고 욕조는 트래버틴 마블travertine marble이라는 석회화 대리석 소재를 사용하여 고급스러움을 더하였다. 2층에는 세련된 레스토랑 베란다Veranda와 바 라운지인 엠M이 있고, 1층 로비 옆에는 자유로운 분위기의 카페가 롱 스트리트 코너에 자리잡고 있다.

어반 시크 호텔

이 호텔은 한마디로 도시적이고 현대적이다. 아프리카 대도시에서는 쉽게 발견할 수 없는 컨템포러리 스타일의 인테리어로 남아공을 찾은 트렌디 피플들에게 놀라움을 선물한다.

침대 위를 장식한 독특한 원형 패턴 장식

남아공에서 이름 있는 투자회사 프라지타 Frazzitta가 3층짜리 옛 호텔 건물을 매입하여 대대적인 개보수를 통해 세련된 7층짜리 디자인 호텔로 변모시켰다.

이 호텔의 가장 큰 특징은 어느 객실에서나 케이프타운 도심을 전망할 수 있다는 점이다. 특히 문화적 숨결이 넘실대는 롱 스트리트의 분주한 하루를 감상하거나 케이프타운 위에 솟아 있는 테이블 마운틴의 숨막힐 듯한 장관을 감상하기에 이보다 좋은 도심 속 호텔은 아마 없을 것이다.

유리창 너머로 도시 풍경이 시원하게 펼쳐진 2층 갤러리 카페에서는 맛깔스러운 퓨전 스타일의 웨스턴 푸드를 즐길 수 있으며, 시가 라운지에서는 바텐더가 엄선한 칵테일을 맛볼 수 있다. 인근 와인랜드에서 생산된 신선한 와인 역시 음미할 수 있다. 객실에는 아프리카산 마호가니로 만들어진 가구를 비롯해 각기 다른 로컬 아티스트들의 감미로운 모던 아트 작품들이 객실 분위기를 풋풋하게 만든다.

대디 롱 래그스 호텔

아마도 이곳은 케이프타운의 부티크 호텔 중 가장 발칙한 곳이 아닐까 싶다. 대디 롱 래그스 호텔은 상상을 뛰어넘는 기발함으로 가득 찬 곳이다.

이보다 더 톡톡 튀는 호텔이 또 있을까? 혹시 도어맨과 포터가 입구를 서서 당신의 무거운 가방을 들어줄 거라는 호텔로 생각하면 오산이다. 나는 이 호텔 입구를 찾느라 사방을 두리번거리다가 가까스로 물어물어 호텔로 들어가는 계단을 발견할 수 있었다.

자연을 담은 사진으로 치장한 객실

건물 2층아프리칸 뮤직 스토어 바로 위층에 있는 작은 부티크 호텔인 대디 롱 래그스는 그야말로 독특한 이색 지대다. 형식에 얽매이지 않는 자유분방함이 이 호텔의 격식 아닌 격식이다. 각각 개성 넘치는 객실들은 호텔이라는 느낌보다 아티스트의 아틀리에나 사진작가의 스튜디오를 떠올리게 한다.

특히 작은 흑백 사진 수천 장을 벽지로 이용한 객실은 마치 자신만이 은밀하게 들여다볼 수 있는 사진 전람회에 와 있는 듯한 착각을 불러일으킨다. 또 다른 객실에서는 22세기의 우주공간 안에 떠 있는 듯한 감성을 불러일으킨다. 퓨처리스틱한 느낌의 이 객실은 스텐리 큐브릭의 〈스페이스 오딧세이〉 속 장면에나 나올 법하다.

드라마틱한
해안 절경을 자랑하는
케이프반도

케이프반도는 남아공 여행의 꽃이다. 케이프타운을 중심으로 케이프반도에는 주옥같은 비경이 군데군데 숨어 있다. 케이프반도 해안선을 따라 마을이나 타운을 돌아보면 남아공 남서부 지역의 자연적·문화적 묘미를 만끽할 수 있다. 무엇보다 남아공에서 드라마틱한 해안 절경을 감상하기에 케이프반도보다 더 좋은 곳은 없다.

대서양과 인도양이 만나는 곳

케이프반도는 남아공의 남서쪽 끄트머리에 있다. 북쪽으로는 테이블 마운틴이, 남쪽으로는 희망봉이 자리하고 있다. 바위가 많은 케이프반도의 길이는 약 52km에 달한다. 오늘날 케이프반도에 있는 작은 마을과 작은 타운은 케이프타운 메트로폴리탄에 포함된다. 우리 식으로 말하면 광역시다.

케이프반도 끝에 있는 희망봉은 대서양과 인도양이 만나는 지점이다. 좀 더 정확히 말하면 국제법상 대서양과 인도양이 만나는 지점은 케이프반도 동쪽에 위치한 케이프 아굴라스Cape Agilhas다. 희망봉 서쪽의 캠스 베이와 샤프만스 베이가 대서양에 접해 있다면 희망봉 동쪽에 자리한 콕 베이, 사이먼스타운은 인도양에 접해 있다.

케이프반도의 자연생태를 엿보고 싶다면 테이블 마운틴에 오르는 게 제격이다. 테이블 마운틴은 현재 국립공원으로 지정되어 있는데, 예전에는 케이프반도 국립공원으로 불렸다. 케이프반도를 둘러싸고 있는 해안선 일대는 보호구역으로 지정되어 있다.

케이프반도에서는 다양한 식물을 관찰할 수 있다. 특히 프로테아Protea라고 불리는 관목식물 꽃과 난초도 어렵지 않게 볼 수 있다. 디사 유니플로라 Disa Uniflora라 불리는 난초과의 붉은색 꽃도 테이블 마운틴의 습한 지역에서 쉽게 볼 수 있는 식물이다.

케이프반도에서 가장 흔히 볼 수 있는 동물은 록 하이렉스Rock Hyrx라고 불리는 바위너구리다. 이 녀석은 토끼 정도의 몸집에 귀가 짧고 비버와 같은 설치류에 가까운 얼굴이 특징인데, 테이블 마운틴의 케이블카 스테이션 옆 레스토랑 주변에서 발견되기도 한다.

검은 몸체에 부리와 눈 주변이 노란색인 흰허리 독수리Verreaux's eagle는 케이프반도에서 볼 수 있는 대표적인 맹금류다. 검독수리라고도 불리는 이 녀석들은 언덕이나 산자락 등지에 서식한다. 그 외에도 가시털로 뒤덮인 아프리카 포큐파인을 비롯해 몽구스, 뱀, 도마뱀 등도 서식하고 있다.

2~3일 일정으로 케이프반도 둘러보기

케이프반도를 둘러보는 일반적인 코스는 다음과 같다. 케이프타운 시내에서 벗어나 먼저 테이블 마운틴 정상에 올라가본다. 그리고 인근 해변에 있는 캠스 베이Camps Bay를 방문한다. 캠스 베이 남쪽에 있는 호트 베이Hout Bay 는 인근 듀커 아일랜드Duiker Island에서 물개를 관찰하는 보트 투어가 출발하는 지점이다. 호트 베이에서 다시 서쪽 해안선을 따라 남쪽으로 이동하면

▲ 멀리서 바라본 희망봉　▼ 희망봉 전망대 주변 풍광

샤프만스 베이가 나타난다. 이곳에서 더 남쪽으로 내려가면 아프리카 대륙 최남단인 희망봉Cape of Good Hope이다. 이곳에 올라 전망대에서 주변을 바라보는 경관은 신비스럽기가 그지없다.

희망봉에서 내려와 이번에는 케이프반도의 동쪽 해안을 따라 북상해 본다. 사이먼스타운은 작은 콜로니얼 타운의 멋을 간직한 곳으로 인근 펭귄 서식지로 알려진 볼더스 비치가 유명한 곳이다. 이 펭귄 서식지는 인공적으로 만든 게 아닌 자연적 생태계의 모습이다. 다시 사이먼스타운에서 해안을 따라 올라가면 콕 베이Kalk Bay가 나타난다. 그 위쪽으로는 뮈젠버그Muizenberg가 있다. 콕 베이, 뮈젠버그 모두 서핑이나 윈드서핑 등 워터 액티비티를 좋아하는 마니아들에게 인기 있는 여행지다.

이 일정은 캠스 베이에서 시작하여 시내 반대 방향으로 이동해 희망봉을 터닝 포인트로 뮈젠버그까지 둘러보는 것인데, 경우에 따라서 뮈젠버그에서 시작해 캠스 베이에서 일정을 마칠 수도 있다. 이 일정은 하루 만에 끝낼 수 있는 것이 아니기에 케이프타운을 베이스로 최소 2~3일 일정을 두고 각각의 명소를 방문하는 것도 좋은 방법이다. 이럴 경우 렌터카를 이용하는 것이 좋다. 호텔이나 호스텔, 여행사를 통해 듀커 아일랜드의 물개 관찰 투어나 사이먼스타운의 펭귄 서식지 방문 투어 등을 할 수 있다.

참고로 케이프타운에서 기차를 이용해 사이먼스타운까지 내려갈 수 있다. 나는 이른 아침 케이프타운 시내 중앙역에서 기차를 타고 사이먼스타운까지 간 뒤 다시 케이프타운으로 돌아온 적이 있다. 물론 기차 승객은 모두 현지 흑인들이었으나 어떤 위협도 느낄 수 없었고 평범한 현지 흑인들의 일상을 엿볼 수 있어 오히려 소중한 경험이 되었다.

▲ 해질 무렵의 테이블 마운틴과 인근 해변   ▼ 멀리 케이프반도의 끝자락이 보인다.

케이프타운의 백드롭, 테이블 마운틴

케이프타운의 멋진 도시 배경이 되어 주는 테이블 마운틴은 1,086m의 높이를 자랑한다. 케이블카를 타고 가서 산책로를 거닐며 테이블 마운틴 정상을 둘러보거나 주변의 산세와 바다를 감상하는 것이야말로 케이프타운 관광의 하이라이트라고 할 수 있다.

사실 테이블 마운틴은 하나의 거대한 국립공원이다. 케이프타운 위에 우뚝 솟은 테이블 마운틴에서부터 대륙의 끝이라 불리는 희망봉까지 산세가 연결되어 있다. 이러한 테이블 마운틴 국립공원은 케이프반도 면적의 4분의 3을 뒤덮고 있다.

케이블카를 타고 정상에 오르다

1929년에 처음 설치된 65인승 케이블카는 빙글빙글 회전을 하며 서서히 산 정상까지 올라간다. 아래에서 보았을 때 반듯하게 자로 잰 듯 또는 예리한 칼로 조심스럽게 수평으로 자른 듯 평평한 테이블 모양의 테이블 마운틴은 정상에 서서 바라보면 전혀 다른 모습이다.

산 정상은 마치 인위적으로 바위들을 조성해 놓고 야생화로 잘 꾸며 놓은 공원 같다. 현재 테이블 마운틴에만 1,500여 종의 식물이 분포해 있으며, 이는 영국 전체에 서식하는 식물 종수와 같다고 한다. 테이블 마운틴에는 핀보스Fynbos라고 불리는 관목 지대가 있다. 이곳에는 수많은 독특한 생김새의 야생화가 피어 있는데, 철쭉과 비슷하게 생긴 프로테아Protea는 흔하게 볼 수 있는 야생화다.

테이블 마운틴 정상에 서서 주변을 내려다보는 전망은 그야말로 압권이다. 드라마틱한 주변 산세와 산 아래 펼쳐진 에메랄드 빛 해안선과 해안 마을이 눈에 선명하게 들어오는 모습은 마치 보는 이로 하여금 구름 위에 떠 있는 듯한 착각마저 불러일으킨다. 대서양 쪽으로는 아름다운 캠스타운의 해변이 보이고 반대편으로는 케이프타운의 주택가와 다운타운의 마천루가 한눈에 들어온다.

테이블 마운틴은 날씨가 좋을 때 올라가야 경치를 제대로 감상할 수 있다. 산 위에 구름이 덮이는 날 지상의 사람들은 산을 가리키며 식탁 위에 식탁보table cloth를 두른 것 같다고 말한다.

테이블 마운틴 케이블카 요금은 편도, 왕복에 따라 다르고, 성인과 어린이 요금으로 구분된다. 테이블 마운틴에 오를 수 있는 시간은 시즌마다 다르다. 2월부터 11월 사이에는 오전 8시 30분부터 저녁 7시까지, 12월과 1월에는 오전 8시부터 밤 10시까지다. 단, 정상에 구름이 끼고 바람이 심하게 부는 날은 케이블카 운행이 중단된다.

테이블 마운틴 등반하기

테이블 마운틴 정상에 오르는 길은 300여 개가 넘는다. 길이 많은 만큼 길을 잃을 확률도 높다. 가장 명심해야 할 것은 기후가 언제든지 쉽게 변할 수 있다는 점이다. 안타깝게도 해마다 이곳에서 등반하는 하이커들이 예기치

▲ 테이블 마운틴 정상　▼ 테이블 마운틴 정상으로 관광객을 실어나르는 케이블카

독특한 식생을 관찰할 수 있는 테이블 마운틴 정상

못한 기후 변화로 길을 잃거나 낙상하여 목숨을 잃기도 한다.

그래서 테이블 마운틴 등반은 현지 여행사나 전문 클라이머를 통하는 것이 좋다. 케이프타운 관광안내소나 호스텔 등지에서 테이블 마운틴 등반 투어에 관한 정보를 얻을 수 있다.

테이블 마운틴을 걸어서 올라가는 것도 좋지만 날씨가 좋아야 등반이 가능하다. 비바람이나 폭우가 쏟아진다면 매우 위험하다. 혼자 등반하는 것도 추천하지 않는다. 길을 잃을 위험이 있기 때문이다.

등반할 경우 지도를 꼭 챙겨야 한다. GPS를 이용한 지도 앱을 다운로드 받아 가면 자신의 위치와 주변 위치를 와이파이 없이도 추적할 수 있다. 해당 앱으로 MAPS, ME를 추천한다. 또한 안전사고를 대비해서 누군가에게 자신의 루트를 말해 두는 것이 좋다.

물과 음식을 충분히 준비하고 비가 내릴 경우를 대비해 방수 점퍼를 챙기는 것도 권한다. 때때로 예기치 않은 상황에서 번개와 천둥이 치는 급격한 기후 변화가 일어날 수도 있다. 등반에서 가장 중요한 것은 바로 등산용 신발을 준비하는 것이다.

장시간 산을 오를 경우 본인의 쓰레기는 비닐주머니에 담아가지고 내려와야 한다. 참고로 산에서 불을 피우는 일은 산불 예방을 위해 엄격히 금지되어 있다.

테이블 마운틴 정상에서 내려다본 라이온스 헤드 마운틴과 주변 모습

남아공
최고의 해변
캠스 베이

케이프타운 시내에서 자동차로 15분 거리에 있는 캠스 베이는 그야말로 케이프타운 주민들이 가장 선호하는 휴식처다. 또한 케이프반도를 방문하는 여행객들에게 손꼽히는 휴양지로 각광받는 곳이다. 케이프반도 일대에서 가장 비싼 땅값을 자랑하기도 한다. 남아공의 부호를 비롯해 할리우드 스타들의 초호화 별장과 저택이 캠스 베이 곳곳에 숨어 있다.

캠스 베이 해변은 케이프반도에서 가장 아름다운 해변 경관을 갖고 있다. 아마도 남아공에서 가장 아름다운 대서양 연안의 해변이라 할 수 있을 것이다. 부드럽고 새하얀 백사장 위에서 비치 발리볼을 즐기는 젊은이들, 파도타기를 하는 서퍼들의 모습을 해변 곳곳에서 볼 수 있다. 야자수가 우거진 빅토리아 로드, 지중해 스타일의 하얀 집들이 카페촌을 이루고 있는 광경은 이곳이 아프리카인지 남부 유럽의 어느 휴양지인지 의구심이 들 정도로 자유분방하다.

케이프타운에 머물 경우 캠스 베이 해안가의 노천 카페나 레스토랑에서 점심이나 저녁 식사를 즐길 것을 권한다. 테이블 마운틴을 백드롭으로 하고 옆으로는 라이온스 헤드가 솟아 있어 주변 경관을 감상하며 캠스 베이 해변을 만끽할 수 있어 좋다.

캠스 베이가 가장 분주한 시기는 주말과 주중 저녁 무렵이다. 특히 선셋을

케이프타운 시민들이 해수욕을 즐기러 주로 찾는 캠스 베이 해변

보기 위해 몰려든 인파로 노천 카페 테이블은 종종 만석이다. 캠스 베이 해변은 파도가 높고 수온이 차갑기 때문에 수영이나 서핑을 할 때 각별히 조심해야 한다. 하지만 테이블 마운틴이 남동쪽에서 불어오는 바람을 막아 주는 역할을 하기 때문에 기후는 온화하다.

대부분 케이프타운을 베이스로 캠스 베이를 방문하지만, 캠스 베이 해변 주변에도 다양한 숙소가 있다. 더 베이 호텔The Bay Hotel은 캠스 베이에서 가장 스타일리시한 호텔 중 하나다. 아름다운 뷰를 지닌 호텔 객실은 화이트 컬러톤으로 매우 화사하다.

▲▼ 야자수와 새하얀 건물, 백사장이 어우러진 캠스 베이 해변 모습

흥미로운 물개 관찰,
호트 베이와
듀이커 아일랜드

케이프반도 일주에서 꼭 챙겨야 하는 일정 가운데 하나가 바로 듀이커 아일랜드 Duiker Island에서 바다표범 서식지를 둘러보는 크루즈다.

이 바다표범 크루즈는 케이프반도 대서양 연안에 있는 호트 베이에서 출발한다. 호트 베이는 케이프반도 대서양 연안에 있는 해안 마을 중 평화로운 전경을 자랑하는 곳이다.

호트 베이에서 배를 타고 듀이커 아일랜드까지 40여 분. 드디어 바다표범의 실체가 눈앞에 드러나자 탄성이 쏟아져 나온다. 듀이커 아일랜드는 바다표범뿐 아니라 가마우지와 다양한 바다새 서식지로도 잘 알려져 있다. 바다표범의 경우 한번에 5천 마리까지 몰려오기도 한다.

가까이에서 바다표범들의 행동을 살펴보니 아름다운 소리를 내는 어린 바다표범들도 있었는데, 물속으로 먼저 들어간 어미를 바라보며 지르는 것 같았다. 이 바다표범의 평균수명은 약 20~40년이라고 한다. 이는 다른 포유류에 비해 꽤 오래 사는 편이다. 수컷은 무게가 300kg 정도여서 장정 여럿이 들어도 감당 못할 만큼 무겁다.

바다표범은 남아공의 대서양 연안에 주로 서식하는데, 북쪽으로는 나미비아 연안까지 올라간다. 물속에서 시속 17km까지 속도를 낼 수 있다니 둔해 보이는 덩치에 비해 제법 날렵한 편이다.

▲ 보트를 타고 호트 베이의 야생동물을 관찰하는 모습   ▼ 듀이커 아일랜드에 서식하는 바다표범

바다표범 관찰 투어를 떠나는 크루즈 보트

바다표범이 가장 무서워하는 상대는 상어와 범고래다.

호트 베이에서 듀이커 아일랜드로 향하는 크루즈 보트는 매일 서너 차례 운항한다. 일반적으로 기상에 따른 운항 확률이 오후보다 오전이 더 높다. 듀이커 아일랜드 크루즈 투어는 케이프타운의 주요 호텔이나 여행사를 통해 예약할 수 있고, 호트 베이 선착장에서 당일 한두 시간 전에 예약도 가능하다.

천혜의
드라이빙 코스
샤프만스 베이

호트 베이에서 차를 몰고 고요한 노드호크 해변을 따라 남쪽으로 내려가면 케이프반도의 대서양 쪽으로 샤프만스 베이 Chapman's Bay가 나타난다. 이곳은 아직 여행자들에게 알려지지 않은 비경이 곳곳에 숨어 있다.

지구상의 어느 해안 절벽보다 신비로운 풍광이 해안선 위에 아슬아슬하게 걸려 있는 것이 샤프만스 베이의 매력이다. 한줄기 파도가 힘을 모아 해변 쪽으로 힘차게 미끄러져 오는 샤프만스 베이 해변은 케이프반도에서 가장 아름다운 풍광을 선보이는 곳 중 하나다.

1억5천만 랜드약 200억 원 예산을 들여 낙석 피해를 방지하기 위한 도로 안전망을 구축한 뒤 2003년 새롭게 모습을 드러낸 샤프만스 피크 드라이브 Chapaman's Peak Drive는 황홀한 비경을 간직한 해안도로다. 호트 베이에서 노드호크까지 5km의 해안길이 이어지는데, 대서양을 바라보며 깎아지른 듯한 경사면 아래를 아슬아슬하게 달리는 기분은 그야말로 스릴 만점이다.

방대한 모래사장이 있는 노드호크 해변은 샤프만스 베이에서 서퍼들이 가장 선호하는 바닷가이며 가장 로맨틱한 분위기를 자아내는 해변이다. 언제 높은 파도가 칠지 모르는 곳에 현지 청년들이 서핑보드를 들고 서 있다. 그들의 뒷 모습에서 신선함이 느껴졌다.

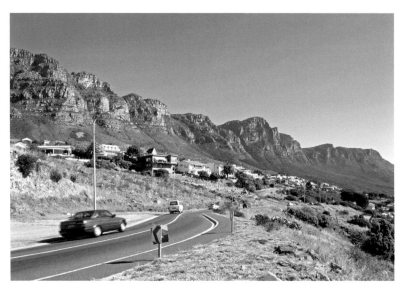

▲ 케이프반도 해안선을 따라 이동하는 기차　▼ 샤프만스 베이의 절경

샤프만스 베이의 주택가와 멋진 백드롭이 되어 주는 높은 산

　　샤프만스 베이에 위치한 피쉬호크Fishhoek에서 코메티Kommetjie로 향하는
길 위에 있는 투 오션스 크래프 앤 컬처 센터Two Oceans Craft & Culture Center
에서는 밤바나니 보울Bambanani bowl이라 불리는 아름다운 전통 자기 공예
품을 감상할 수 있다. 케이프반도의 예술적 리듬이 자기 표면에 잔잔하게 깔
려 있다.

펭귄과의 만남, 사이먼스타운과 볼더스 비치

남아공 케이프반도에서 펭귄을 만날 줄은 미처 몰랐다. 이전까지 펭귄은 남극에만 사는 줄 알았다. 아프리카 펭귄이 케이프반도 볼더스 비치Boulder's Beach에 서식하게 된 것은 20여 년 전 일이라고 한다. 1983년 처음으로 펭귄 한 쌍이 들어와 보금자리를 튼 후 매년 60%씩 증가하여 오늘날 거대한 펭귄 서식지가 되었다.

전 세계적으로 펭귄은 모두 17종이 있는데, 그중 아프리카 대륙에 서식하는 펭귄은 이곳이 유일하다. 남아공의 펭귄은 원래 잭카스 펭귄Jackass Penguin으로 불렸는데, 같은 종이 남미 대륙에서 발견됨에 따라 남아공의 펭귄을 다시 아프리칸 펭귄African Penguin으로 부르게 되었다.

아프리칸 펭귄은 외모와 행동이 남미의 잭카스 펭귄과 약간 다른 점이 있다. 이들은 가슴 위쪽에 검은색 곡선 모양의 줄무늬가 있고 평균 수명은 10~11년인데, 어쩌다 24년을 사는 것들도 있다고 한다. 남극 펭귄은 혹독한 추위 때문에 긴 날개가 있지만, 아프리칸 펭귄은 키가 작고 날개가 짧은 것이 특징이다.

펭귄 3천 마리의 보금자리, 볼더스 비치

아프리칸 펭귄은 이곳 볼더스 비치 외에도 사우스 아프리카 전역에 걸쳐 스물일곱 군데에서 서식한다. 대부분 해안 가까운 섬에 있는데, 케이프타운 인근의 로벤 아일랜드Robben Island가 펭귄 서식지로 가장 잘 알려져 있다.

남아공 펭귄의 육지 서식지 중 볼더스 비치가 가장 유명한데, 이곳에 서식하는 펭귄 수는 3천 마리 정도다. 아프리칸 펭귄이 알을 낳는 시기는 3월과 5월 사이, 부화 기간은 약 40일이다. 새끼를 낳은 후 60~130일 동안 어미가 새끼를 직접 돌본다.

볼더스 비치의 아프리칸 펭귄은 연중 내내 관찰할 수 있다. 1월은 어린 새끼들이 털갈이를 시작하는 시기이며 암컷들이 알을 낳기 위해 영양분을 많이 섭취하는 시기다. 2월부터 8월까지는 새끼를 기르는 데 주력하며, 9~10월에는 수많은 펭귄들이 바다에 나가 시간을 보내기 때문에 다른 때에 비해 해안가에 남아 있는 펭귄 수가 연중 가장 적다. 11~12월에는 펭귄들이 바다에서 돌아와 털갈이를 하는 시기이므로 가장 많은 펭귄을 볼 수 있는 시기여서 관광객들로 붐빈다.

볼더스 비치를 방문하려면 투어도 좋지만 렌터카로도 가능하다. 펭귄 서식지를 알리는 표지판이 있기 때문에 찾아가는 데 어려움이 없다. 볼더스 비치 펭귄 서식지는 별도 입장료를 내야 한다.

이곳 펭귄 서식지 입구는 두 군데다. 사이먼스타운에서 올 경우 퀸스 로드를 따라서 오면 만나게 된다. 펭귄 서식지는 매일 오전 8시부터 오후 5시까지 일반 방문객들에게 개장한다.

▲ 펭귄 서식지로 연결된 길   ▼ 펭귄 서식지 인근의 바위와 해변

빅토리안 건축양식의 콜로니얼 타운

사이먼스타운은 식민지 시대 이후 영국 해군 군함이 드나들던 작은 하버 타운이다. 오늘날에는 남아공 해군 군함들이 이 작은 항구를 주변 항해 기점으로 사용하고 있다.

사이먼스타운은 케이프타운 외곽에서 가장 아름다운 콜로니얼 타운의 면모를 보여 준다. 이 작은 타운의 중심가에는 빅토리안 건축양식의 건물들이 그대로 보존되어 있어 옛 정취를 느낄 수 있다. 항구도 아담하면서 예쁜 그림엽서 같은 풍광을 뽐낸다.

이곳의 헤리티지 뮤지엄에서는 케이프반도 일대에 살아온 무슬림들의 역사를 엿볼 수 있는 자료가 전시되어 있어 눈길을 끈다. 그밖에도 사이먼스타운의 일반적인 역사와 주민들의 라이프 스타일 자료가 보관된 사이먼스타운 뮤지엄과 남아공 해군 역사의 전시자료를 보여 주는 사우스 아프리칸 네이발 뮤지엄도 있다.

사이먼스타운 항구에서는 다양한 보트 투어 프로그램이 제공된다. 항구 주변을 도는 크루즈 투어에서부터 스피드 보트를 타고 희망봉을 도는 투어, 바다물개섬 투어까지 다양한 보트 투어 선택이 가능하다. 사이먼스타운 항구 주변에 자리한 액티비티 렌털숍에서 카약을 빌려 항구 주변을 둘러보는 것도 가능하다.

◀ 아프리칸 펭귄을 관찰하는 관광객들과 잭카스 펭귄이라고도 불리는 아프리칸 펭귄. 이곳에는 약 3천 마리의 펭귄이 서식한다.

▲ 사이먼스타운의 거리 풍경　▼ 사이먼스타운의 콜로니얼 빌딩

아프리카 대륙의 끝
희망봉에서
바분을 만나다

아프리카 대륙 최남단으로 불리는 희망봉은 케이프반도 일주 하이라이트이자 멋진 피날레를 장식한다. 케이프타운이 번잡하다고 생각한다면 그 혼잡을 피해 이곳에 와야 한다. 희망봉은 영어로 케이프 오브 굿 호프Cape of Good Hope, 케이프반도 남쪽 끝에 위치해 있다.

차를 타고 희망봉 주차장까지 갈 수 있고 그곳에서 등대까지 걸어 올라가면 전망대가 나온다. 희망봉 등대 위에서 바라본 케이프반도는 뭐라 형용할 수 없는 태곳적 풍광을 간직하고 있어 가슴이 시릴 정도다. 테이블 마운틴 위에서 바라본 케이프반도의 모습과는 달리 희망봉에서 바라보는 케이프반도는 좀 더 스케일이 큰 스펙터클한 전경을 보여 준다.

무엇보다 산 위에서 구름이 생성되어 퍼져 나가는 것을 눈으로 직접 볼 수 있다는 점이 놀랍다. 이곳에서 바라보는 하늘은 더욱 짙푸른 대양의 색깔처럼 깊어 주변 산들은 마치 산수화의 절정을 보는 듯하다. 한마디로 희망봉은 케이프반도의 정취를 가장 잘 대변해 주는 곳이라 말할 수 있다.

야생동물의 천국, 케이프 오브 굿 호프 네이처 리저브

희망봉은 1488년 포르투갈의 개척자 바르톨로뮤 디아스가 발견한 곳으로, 당시에는 '폭풍의 곳'으로 불리기도 했다. 그 후 1497년 바스코 다 가마가

희망봉 끝에 구름이 걸쳐 있는 모습

자연보호지구로 지정된 희망봉 주변

이 곳을 지나 인도로 가는 항로를 개척한 데서 연유하여 에스페란사_{희망의 곳}라는 이름으로 개칭되었다.

희망봉 주변은 자연보호지구로 지정되어 있다. 이곳은 선버드, 슈가버드 등 250여 종에 달하는 새들의 고향이다. 뿐만 아니라 사우스 아프리카의 국화인 프로테아Protea, 에리카Erica, 핀보스Fynbos 등 독특하면서도 화려한 야생화들이 지천에 널려 있다.

또 수십 마리의 바분Baboon, 개코원숭이을 볼 수 있는데, 사람들의 발자국 소리만 듣고도 달려와 먹을 것을 달라고 손을 내민다. 어미 배 아랫부분에 매달린 채 먹이를 받아먹는 새끼들의 귀여운 모습노 볼 수 있나. 가끔 주차장에 서 있는 자동차 창문 틈으로 손을 뻗어 차 안에 놓인 음식물을 가져가는 경우도 있다. 현지 가이드는 단단히 주의를 주며 절대 차 안에 먹을 것을 두고 내리지 말라고 당부한다.

희망봉에는 바분뿐만 아니라 얼룩말이나 이랜드Eland, 남아프리카산 큰 영양 무리도 살아가고 있다. 그밖에 몽구스, 수달, 너구리, 줄무늬쥐 등 작은 포유류들도 있다. 야생 사파리 차량만 없을 뿐이지 웬만한 아프리카 사파리 보호구역에서 볼 수 있는 야생동물을 이곳 희망봉 주변에서 볼 수 있다.

또한 희망봉 일대의 바다에서 돌고래와 바다표범 등이 헤엄치는 모습도 종종 관망할 수 있다. 자연과 동식물, 이 모든 게 자연스럽게 조화를 이루는 희망봉 주변은 그야말로 야생동물의 천국이다.

희망봉은 일반 대중교통으로는 접근이 어렵다. 렌터카를 이용할 경우 지도를 보고 쉽게 찾아갈 수 있다. 자동차나 투어 버스로 희망봉의 룩 아웃 포인트Loo kout Point라는 등대 아래 주차장까지 갈 수 있다. 거기서 전망대까지 올라가면 반도의 최남단인 케이프 포인트Cape Point가 내려다보인다. 올라가는 길에 바람이 많이 불어 위험할 수도 있으므로 노약자나 어린이는 반드시 동행과 함께 오르는 것이 좋다.

▲ 위도와 경도를 알리는 안내판 　▼ 희망봉 주변에서 쉽게 볼 수 있는 바분 무리

럭셔리 리조트
아라벨라 웨스턴
케이프 호텔 앤 스파

케이프타운에서 남동쪽으로 자동차를 타고 1시간 15분 정도 달리면 아프리카 최대의 럭셔리 리조트 아라벨라 웨스턴 케이프 호텔 앤 스파Arabella Western Cape Hotel&Spa가 나타난다. 이곳은 바다와 연결된 보트리비어Botrivier 라군 옆에 자리잡고 있어 매우 친환경적인 휴식 공간으로 각광받고 있다. 또 다양한 워터 액티비티 프로그램이 있는데, 가장 인기 있는 것 중 하나는 바다에 나가 고래를 관찰하는 것이다.

호텔 내부는 자연과 조화를 이루는 모던 디자인 감각으로 꾸며져 있다. 다이닝 스폿은 인터내셔널 메뉴를 선보이는 자마니 뷔페 레스토랑, 알라카르테 메뉴를 제공하는 자마니 레스토랑이 있다. 디너 뷔페는 전통 아프리카 라이브 뮤직 밴드의 흥겨운 리듬과 함께 바비큐 요리를 즐길 수 있다.

인공적으로 만들어 놓은 바위산 아래 아웃도어 풀장이 있는데, 주변에 일광욕을 즐길 수 있는 선베드가 가지런히 놓여 있어 언제든지 수영을 하거나 휴식을 취할 수 있다. 이와 같은 편의시설로 인해 현지인이나 여행자들에게 호평을 얻고 있다. 호텔에서 제공하는 액티비티 프로그램에 따라 아이들과 함께 승마, 하이킹, 워터 스포츠를 즐길 수 있기 때문이다.

▲ 천혜의 자연경관을 지닌 곳에 자리한 아라벨라 웨스턴 케이프 호텔   ▼ 호텔 내 레스토랑

다양한 워터 액티비티와 골프

아라벨라 웨스턴 케이프 호텔에서는 승마를 비롯해 다양한 액티비티 프로 그램을 소개해 준다. 이곳은 고래 구경으로 유명한 허마너스Hermanus에서 30분 거리로 크루즈 보트를 타고 대양으로 나가 고래와 만나는 투어가 매우 인기 있다. 그밖에 호텔 주변에서 즐길 만한 액티비티는 골프가 최고다.

천혜의 절경을 지닌 라군lagoon이 주변에 드넓게 펼쳐진 챔피온십 아라벨라 골프 코스는 남아공에서 톱10에 들 정도로 유명인사들이 많이 찾아온다. 게리 플레이어, 잭 니콜라우스, 트레버 이멜만 등 유명 골퍼는 물론, 미국 흑인 영화배우를 대표하는 사무엘 잭슨, 영국 밴드 보이존 출신 가수 로난 키팅, 영국의 유명 디스크자키 디제이 스푸니 등 전 세계 유명인사들이 방문하여 샷을 날렸을 정도로 유명하다.

고품격 웰빙 스페이스, 알티라 스파

이 호텔이 자랑하는 대표적인 웰빙 스페이스는 알티라 스파 앤 웰니스 센터Altira Spa & Wellness Center다. 골프나 각종 액티비티 후 피로를 달랠 수 있는 곳이기에 많은 사람들이 찾는다. "아빠는 골프 치러, 엄마는 스파 하러 이곳에 온다"는 말이 있을 정도다. 무엇보다 주변 풍광이 훌륭한데다 흠잡을 데 없이 편리한 시설과 완벽한 서비스를 갖추고 있어 휴식을 취하며 피부관리나 마사지를 받고 싶어하는 여성들의 마음을 사로잡고 있다.

알티라 스파 앤 웰니스 센터는 보디 앤 스킨 케어 센터, 함맘Hammam 센터, 인도어 하이드로 풀Indoor Hydro Pool, 아웃도어 풀Outdoor Pool, 피트니스 센터 등으로 이루어져 있다. 원기를 회복하고 영혼을 맑게 해 주는 알티라 스파

아라벨라 웨스턴 케이프 호텔은 아름다운 골프 코스로 유명하다.

시설은 1,200만 랜드의 거액을 들여 리노베이션을 했다. 세계적 수준의 인도 어 하이드로 테라피 시설을 구축하고 부수적인 시설과 공간을 확충하는 데 심혈을 기울였다고 한다.

또한 아프리카 열대우림을 경험할 수 있는 '레인Rain' 스팀 트리트먼트는 감각적인 물줄기와 안개처럼 자욱한 스팀 마사지를 통해 신체의 모든 감각 들이 활기를 띠게 하는 이 스파만의 아주 특별한 요법이다.

▶ 아라벨라 웨이턴 케이프 호텔에서는 다양한 액티비티를 즐길 수 있다.

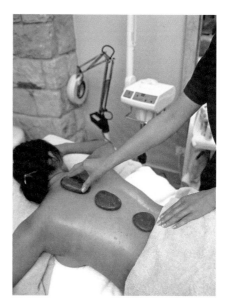

베일에 가린
웨스턴 케이프
와인랜드

웨스턴 케이프 주에 자리한 와인랜드 Wineland는 케이프반도 북쪽 고지에 있다. 웨스턴 케이프의 와인랜드는 남아공 산 와인의 대부분을 생산해 내는 지역이다. 와인랜드는 지형적으로 1,500m 이상 높이의 산들이 이어져 있다. 이로 인해 드라마틱한 산세가 이어진 이색적인 풍광을 자아낸다.

와인랜드의 중심 도시인 스텔렌보쉬Stellenbosch, 프란쉬호크Franschhoek, 팔 Paarl 등은 이 지역의 유서 깊은 도시다. 각각 도시 주변에 와인용 포도를 재배하는 바인야드vineyard가 펼쳐져 있다. 현재 웨스턴 케이프 주에 있는 와인랜드의 바인야드는 전체 면적이 112,000ha에 이른다. 이를 환산하면 1,120km²로 서울시 면적의 약 두 배다.

세계 아홉 번째 와인 생산 대국

남아공은 연간 600~700만 리터의 와인을 생산한다. 이는 전 세계 와인 생산의 3%를 차지하며 남아공이 세계에서 아홉 번째로 많이 와인을 생산하는 국가임을 보여 준다. 참고로 세계에서 와인을 가장 많이 생산하는 나라는 1위 이탈리아, 2위 스페인, 3위 프랑스, 4위 미국, 5위 중국, 6위 아르헨티나다.

우리가 즐겨 마시는 와인은 대개 이탈리아, 프랑스 등 유럽산 와인이다.

▲ 와인랜드의 울창한 나무숲　▼ 와인랜드의 드넓은 바인야드

근래 뉴질랜드, 호주, 캘리포니아, 칠레 와인이 많이 소개되고 있지만, 남아공산 와인은 그리 친숙하지 않은 게 사실이다. 하지만 알고 보면 남아공산 와인의 품질은 결코 뒤떨어지지 않는다.

"The World Atlas of Wine"의 작가 휴 존슨Hugh Johnson 같은 와인 전문가는 세계에서 가장 맛 좋은 와인으로 주저없이 남아공산 와인을 꼽기도 한다. 남아공의 대표적인 화이트 와인은 쇼비뇽 블랑Sauvignon Blanc, 리슬링 Riesling, 콜롬바드Colombard, 쉐닌 블랑Chenin Blanc 등이 있으며, 인기 있는 레드 와인은 카베르네 쇼비뇽Cabernet Sauvignon, 피노타쥬Pinotage, 남아공에서는 Hermitage로 알려져 있다, 쉬라즈Shiraz, 피노 노아Pinot Noir 등이 있다.

선원들의 비타민 부족을 해결하기 위해 시작한 와인 생산

1659년부터 시작된 남아공의 와인 생산은 현재까지 350여 년의 긴 역사와 전통을 자랑한다.

남아공에서 와인용 포도가 재배된 이유는 와인을 좋아하는 남부 유럽인들의 성향 때문이었다. 또한 남아공 와인의 발달은 당시 사람들의 건강문제와도 연결되었다. 17~18세기에는 희망봉을 거쳐 유럽과 아시아를 항해하는 선박들이 많았는데, 대부분 선원들이 비타민 부족으로 인한 괴혈병으로 고생했다. 그러던 중에 남아공의 와인 산업이 시작되면서 선원들은 웨스턴 케이프 지방에 머무는 동안 남아공 와인을 마시며 비타민 부족을 해결할 수 있었다고 한다.

그 후 남아공 와인은 프랑스에서 건너온 와인 기술자들에 의해 비약적인 발전을 이루게 되었다. 사실 프랑스 와인 기술자들은 프랑스에서 종교적 박해로

와인랜드의 누 떼

와인을 시음할 수 있는 와인랜드의 와이너리 내부

인해 쫓겨난 위그노파 신도들이었다. 이러한 기술적 전수 때문이었을까? 남아공 와인은 이때부터 유럽의 궁정에서도 즐길 정도로 맛과 향이 뛰어난 와인으로 자리매김하였다고 한다.

19세기 최고의 번영을 거듭하던 남아공 와인 산업은 19세기 말에 들어서 남아공에 거주하던 영국인과 보어인들 간의 전쟁 그리고 영국의 와인 소비 시장의 침체와 맞물려 어려운 고비를 맞게 되었다. 급기야 20세기에 들어와서 남아공 백인 정권의 '아파르트헤이트'로 인해 유엔으로부터 경제 제재를 받음으로써 와인 산업이 큰 타격을 입게 되었다. 그러나 1994년 넬슨 만델라가 대통령으로 선출된 후 다시 와인 산업이 회복되기 시작하여 오늘날 세계

9위의 와인 생산국으로 발돋움하였다.

웨스턴 케이프 지방의 와인랜드에서 와인 산업이 발전할 수 있었던 가장 큰 이유는 이 지방의 기후와 자연 조건 때문이다. 연중 맑고 화창한 날씨를 자랑하는 지중해성 기후는 유럽의 지중해 연안과 마찬가지여서 와인용 포도가 잘 자라는 데 매우 유리하다. 또한 겨울철의 서늘한 바람과 적당히 내리는 비는 포도 재배의 더없이 좋은 조건이다.

현재 웨스턴 케이프 와인랜드에는 열세 군데 대규모 와인 생산지가 있다. 와인랜드의 바인야드에서는 주변보다 더 따뜻한 기후와 토양에서 자란 포도를 이용해 맛 좋은 레드 와인을 얻고, 주변보다 시원한 기후를 지닌 토양에서 자란 포도를 이용해 화이트 와인을 얻게 된다. 이러한 세심한 방법이 오늘날 남아공 와인의 맛을 최상으로 만드는 요소가 되었다.

와인랜드 일대는 아름다운 풍경으로도 유명하다. 포도밭이 펼쳐진 산기슭은 포토제닉 스폿으로 손색이 없다. 네덜란드 보어인들에 의해 만들어진 더치 스타일의 가옥과 건물들은 와인랜드의 목가적인 분위기와 잘 어울린다. 이러한 17~18세기 스타일의 더치풍 가옥은 하얀색 건물 위에 아름다운 곡선으로 파사드의 모양을 낸 것이 특징이다.

와인랜드에서 가장 인기 있는 스텔렌보쉬는 남아프리카에서 두 번째로 오래된 도시다. 그만큼 도시 중심가가 고풍스러운 분위기를 자아낸다. 프랑스인이 개척한 것으로 알려진 프란쉬호크는 산책하기에 좋을 만큼 고요하고 평안한 분위기를 지니고 있다. 시간적 여유가 있다면 와이너리를 겸하고 있는 숙박시설에서 하루 이틀 머물며 와인랜드 전통 와인의 풍미와 함께 그 지역 음식을 맛보는 것을 추천하고 싶다.

와인의 본고장
스텔렌보쉬

남아공 와인을 알기 위해서는 와인랜드의 와인농장 또는 와이너리를 둘러보아야 한다. 특유의 맛과 향을 지닌 와인을 직접 음미해 보는 것만큼 이곳의 문화를 직접적으로 접하는 것도 없다. 와인랜드에 있는 스텔렌보쉬Stellenbosch 주변에는 남아공에서 가장 오래된 와이너리가 산재해 있다.

더치풍 콜로니얼 스타일의 거리 풍경

1679년 에르스테 강둑에 세워진 스텔렌보쉬는 남아공에서 케이프타운 다음으로 오랜 역사를 지닌 곳이다. 보어인들이 세운 도시이기에 구시가를 둘러보면 오늘날에도 네덜란드 양식의 건축물이 남아 있다. 거리에 참나무가 많은 것도 특징이다. 이로 인해 참나무 도시라는 뜻의 '에이케스타드Eikestad'라고 불렸다.

스텔렌보쉬는 더치풍의 건축양식이 강하게 남아 있는 곳이지만 케이프 더치풍의 건축물 외에도 조지안 스타일이나 빅토리안 스타일의 영국식 건물도 남아 있다. 도심 중앙에는 '브라크'라고 불리는 잔디 광장이 있다. 이 광장 주위에는 교회 등 역사적 건축물이 많다.

근처에는 관광안내소가 자리해 있기도 하다. 관광의 중심가는 도프 스트리트Dorp St로 교회, 시청사 등 옛 건물과 박물관, 갤러리, 기념품 상점, 레스

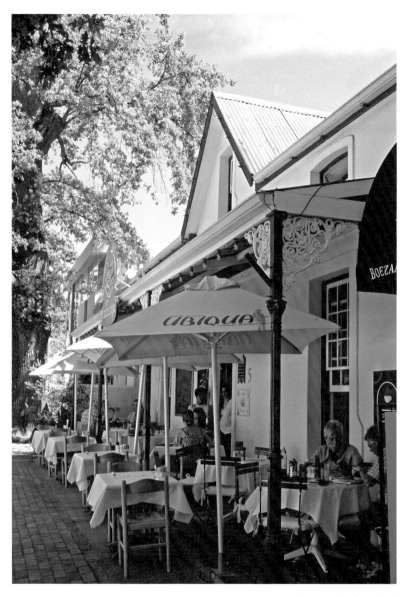

스텔렌보쉬의 아웃도어 카페

토랑 등이 있다. 기회가 된다면 현지 레스토랑에서 풍미 가득한 음식과 함께 맛과 향이 좋은 와인을 맛보는 것도 좋다.

스텔렌보쉬는 대학도시이기도 하다. 이로 인해 도시 곳곳에 젊음과 개성이 넘쳐난다. 1918년에 설립된 스텔렌보쉬 대학은 도시 북동쪽에 있으니 시간적 여유가 있으면 대학에 들러 대학 내 카페테리아에서 점심 식사를 해 보는 것도 좋다.

23개의 와이너리가 주변에 위치

스텔렌보쉬는 케이프타운에서 45km 떨어져 있다. 스텔렌보쉬에는 1971년에 만들어진 와인 루트가 존재하는데, 이 루트는 시내에서 16km 이내에 자리한 23개의 개인 와이너리로 구성되어 있다. 이로 인해 스텔렌보쉬는 예부터 남아공 와인 투어의 베이스 역할을 하기도 한다.

스텔렌보쉬 주변의 추천할 만한 와이너리로는 니스링호프 에스테이트 Neethlingshof Estate, 블라우클리펜Blaauwklippen, 버켈더Bergkelder 등이 있다. 1692년에 세워진 니스링호프 에스테이트는 입구 주변에 양 갈래로 늘어선 10여 미터 높이의 소나무 숲으로 유명하다. 주변 풍광이 뛰어난 이곳에는 와인을 맛볼 수 있는 시음장과 와인 창고, 레스토랑 등이 있다.

니스링호프 와이너리는 스텔렌보쉬 타운 시내에서 약 6km 정도 떨어져 있으며, 스텔렌보쉬와 쿠일스리버Kuilsriver 구간 사이의 M12 국도 옆에 있다. 블라우클리펜 와이너리는 케이프 더치 스타일의 건물이 몇 채 늘어서 있는 곳으로, 여러 와이너리 중에서 가장 고풍스럽고 낭만적인 운치를 자아낸다. 이곳은 특히 카베르네 쇼비뇽Cabernet Sauvignon과 진판델Zinfandel 등의

더치풍의 콜로니얼 스타일 건물이 인상적인 스텔렌보쉬의 와이너리

레드 와인으로 유명하다.

콜로니얼풍의 드 오버 베르프 호텔

스텔렌보쉬 중심가에는 아늑한 콜로니얼풍의 부티크 호텔이 몇 군데 있다. 1802년에 설립된 드 오버 베르프 호텔D' Ouwe Werf Hotel은 남아공에서 현존하는 가장 오래된 곳이다. 역사가 깊은 만큼 이 도시의 역사적 전통과 낭만적인 매력을 모두 담고 있는 곳이기도 하다. 현재 이 호텔은 31개의 스위트 룸으로 구성되어 있다. 각 객실에는 골동 가구들이 객실 스타일에 어울리게 배치되어 있다.

호텔 안뜰에는 아웃도어 풀장과 일광욕을 즐길 수 있는 의자가 있어 수영이나 독서를 즐기며 아프리카의 따스한 햇볕을 만끽할 수도 있다. 이 호텔이 자랑하는 '1802' 레스토랑은 이 도시에서 가장 세련되고 고상한 다이닝 스폿으로 자리매김하였다. 무엇보다 맑고 화사한 날씨에 담쟁이넝쿨로 우거진 정원에 마련된 테이블에 앉아 새소리, 바람소리를 들으며 런치 메뉴를 맛보거나 감미로운 티타임을 가져본다면 자신도 모르게 행복한 기운이 솟아오르는 것을 느끼게 된다.

특별한 고기맛을 위한 브라이 메뉴

브라이Braai 레스토랑이라 불리는 소사티Sosati는 아프리카 전통 음식 전문 레스토랑이다. '브라이'란 단어는 남아공 스타일의 숯불 바비큐를 뜻하는 말이다. 이 레스토랑 안으로 들어서는 순간 오렌지 색상 벽면에 걸린 블랙 앤 화이트의 얼룩말 가죽이 시선을 사로잡는다. 이처럼 소사티 레스토랑의 인테리어 감각은 인근 레스토랑 중에서 가장 독보적이다.

실내와 실외 테이블로 이루어진 레스토랑에서는 저녁마다 바 라운지가 운영되고 늦은 저녁마다 전통 악기 연주가 선사된다. 이 레스토랑에서 선보이는 메뉴 중에 악어 고기를 오렌지 소스와 칠리 소스를 곁들인 크로커다일 소사티Crocodile Sosati, 49랜드와 허니 머스타드 소스와 건과류를 곁들인 훈제 스프링복영양과에 속하는 야생동물 고기 메뉴35랜드 등이 있다. 메인 코스로는 전통 브라이 소사티 메뉴를 비프, 치킨, 램에 따라 원하는 고기를 선택할 수 있으

▶ 소사티 레스토랑의 안뜰에 마련된 테이블

며, 소스는 전통 케이프 말레이 커리 소스나 레몬과 허브를 곁들인 소스를 택할 수 있다. 좀 더 특별한 고기 맛을 원한다면 아프리카 게임 미트 소사티 Africa Game Meat Sosati라는 메뉴로 제공되는 와일드 비스트, 쿠두, 스프링복, 워터호그 등의 고기 맛을 보는 것은 어떨까? 이밖에 그릴에 구운 비프, 각종 생선, 새우 등 입맛에 따라 다양하게 선택할 수 있다.

전통 민예품의 메카 트라우메레이

지나가는 행인들의 시선을 한 곳에 고정시킬 만큼 화려하고 정교한 아이템으로 가득 채워진 트라우메레이Traumerei 숍은 아프리카의 다양한 민예품과 골동품을 취급하는 곳이다. 이곳에서 다루는 민예품과 골동품의 영역은 실로 방대하여 유럽, 미국 등지에서 해마다 물건을 구입하러 오는 손님들이 줄을 이어 세계적으로 정평이 나 있다.

아프리카에서 보다 특별한 선물을 구입하길 원한다면 이곳을 놓치지 마시길. 도매상을 거치지 않고 원산지에서 직접 물건을 가져오는데, 지리적으로 북부, 중부, 남부 아프리카로 분류되어 있고, 종류별로는 전통 마스크, 도자기류, 액세서리, 앤티크 등이 있다.

특이한 물건은 줄루족이 우유를 담는 데 사용하던 가죽으로 만든 오래된 들통, 마콘데 부족의 모양을 본뜬 테라코타소인상 등이 인상적이다. 이곳에서 판매되는 물건들은 희귀성과 오래된 가치 때문에 가격이 만만치 않은데, 나미비아 힘바족의 신부가 사용하던 귀걸이는 가격이 무려 3천 달러나 한다.

◀ 트라우메레이 내부에 진열된 각종 장식품과 미술작품

프리미어 시설을 자랑하는 팬코트 골프 리조트

굳이 남아프리카공화국까지 가서 골프를 칠 이유가 있을까 하고 의문을 제기하는 사람이 많을지 모르겠다. 하지만 그것은 참으로 모르는 소리다. 세계에서 내로라하는 골프 코스는 미국을 제외하고 대부분 영국을 비롯하여 영연방에 가입했던 나라들 안에 있다. 예를 들면 잉글랜드, 스코틀랜드, 아일랜드, 호주, 뉴질랜드가 있고 남아공 역시 우리가 알지 못하는 세계 최고 수준의 골프장이 여러 군데 있다.

이러한 이유로 전 세계 골프 애호가들은 일생에 한 번쯤 남아공에서의 라운딩을 꿈꾼다. 실제로 남아공의 고급 골프 리조트에는 영국, 독일 등지에서 온 골퍼들로 북적거린다. 한국에서 멀리 떨어져 있다는 거리상의 제약만 없다면 한국인들에게도 남아공은 골프 여행의 최선의 선택이 될 게 분명하다.

세계적 수준의 골프 시설을 자랑하는 남아공

최상의 기후를 자랑하는 남아공에서 아프리카의 대지 위에 빛나는 태양을 바라보며 골프를 즐길 수 있다는 것 자체만으로도 인생의 축복이다. 남아공에서 즐기는 골프의 매력은 눈부시게 아름다운 경치와 연중 이어지는 온화한 기후에 있다. 게다가 산과 해안을 끼고 도는 지리적 위치는 골퍼들에게 시원한 산바람과 바닷바람을 선사한다.

▲ 멋진 산세를 배경으로 샷을 날리는 모습　▼ 팬코트 골프 리조트 안에 있는 호수

▲ 팬코트 골프 리조트의 아웃도어 풀　▼ 팬코트 골프 리조트의 아늑한 객실 공간

골프 인구가 많은 남아공에는 전국에 500여 개의 골프장이 있다. 이곳들은 수준급 시설을 갖추고 있을 뿐 아니라 경관이 뛰어나 수많은 외국 골퍼들을 유혹하고 있다. 무엇보다 그린피가 저렴하여 부담 없이 골프를 즐길 수 있다는 점도 큰 매력이다.

남아공의 골프 코스 중 베스트 톱10에 드는 곳은 대부분 전설적인 골퍼 게리 플레이어나 잭 니콜라우스 등이 디자인하였다. 남아공의 자연적 특징에 기인하여 골프 코스 안의 호수에 악어가 서식하는 곳도 있으며, 그린 위를 나는 각종 희귀새들이 발견되기도 한다.

웨스턴 케이프의 대표적 골프 코스

남아공 베스트 톱10 골프장으로 선정된 곳 중에 네 군데의 골프장이 이곳 웨스턴 케이프의 가든 루트에 위치해 있다. 가든 루트는 울창한 숲과 호수, 석호와 해변으로 이루어진 그림 같은 풍경을 자랑하는 곳이다. 가든 루트 지역의 아름다운 자연 경관을 담은 그린에서 라운딩 하는 동안 다양한 경험과 즐거움을 맛볼 수 있다.

여기서 소개할 팬코트 골프 리조트Fancourt Golf Resort는 가든 루트가 시작되는 곳에 있다. 팬코트 골프 리조트는 웨스턴 케이프 지방을 대표하며 골프뿐 아니라 승마, 하이킹 등 다양한 액티비티를 즐길 수 있다. 물론 수준 높은 스파 시설을 비롯해 안락한 호텔 시설을 자랑하기도 한다.

팬코트 골프 리조트는 세계적으로 정평이 나 있는 골프 코스를 갖고 있다. 이곳은 가든 루트의 조지George라는 도시 인근에 위치해 있다. 당당한 기풍으로 우뚝 솟은 우테니쿠아Outeniqua 산이 이 리조트의 배경이 되어 준다.

팬코트 골프 리조트에는 컨트리클럽과 호텔 그리고 빌라와 스파 센터 등의 시설이 갖추어져 있다. 이곳은 전 세계 유명인사들이 즐겨 찾는 곳이기도 하다. 호화로운 라이프 스타일을 즐기기 위해 리조트 안에 별도로 설계된 별장을 소유하고 있는 부유한 외국인들이 많이 찾아온다.

리딩 호텔스 오브 더 월드Leading Hotels of the World의 멤버이기도 한 팬코트 호텔의 숙박시설은 근세기에 지어진 것 같은 고급 저택 모양의 건물에 자리한 것이 특징이다. 이 리조트에는 럭셔리한 객실 150개가 있다. 여러 객실 중에서 스튜디오와 가든 스위트은 보다 넓고 편리한 시설을 원하는 게스트들을 위한 공간이다.

특이한 지형으로 이루어진 링크스 코스

팬코트 골프 코스는 모두 네 군데가 18홀이다. 이 네 군데 중 하나는 바로 골퍼들의 무덤이라 불리는 링크스links 코스다. 팬코트 골프 코스가 남아공에서 유명한 이유 중 하나가 바로 이 링크스 코스 때문이다. 링크스 코스는 잘 알려진 대로 아일랜드나 스코틀랜드 해안가에서 발달된 골프 지형이다. 이것은 언덕의 높고 낮음이 심하여 예측 불허의 상황이 많이 발생하는 난코스로 악명 높다. 일반 골퍼들에게는 매우 힘든 코스지만, 링크스의 독특한 맛을 아는 골퍼들에게는 다른 곳에서 경험할 수 없는 특유의 즐거움을 선사한다.

팬코트의 링크스 코스 역시 전설적인 골퍼 게리 플레이어의 작품이다. 그는 이곳에 특유의 링크스 코스를 만들기 위해 평평한 평지에 엄청난 양의 흙을 가져와 인위적인 모래 언덕을 조성하였다. 2003년 전 세계 프로 골퍼들

팬코트 골프 리조트의 스파 센터 내부

이 참여하는 프레지던트 골프 대회President's Cup가 이곳 링크스 코스에서
펼쳐졌는데, 한국의 최경주, 타이거 우즈 등 세계적 선수들이 대거 참가했다.
이 대회에서 미국 출신 골퍼 12명과 미국을 제외한 다른 국가의 골퍼 12명이
흥미로운 대결을 펼쳤다. 2005년 우먼스 골프 월드컵도 이곳 팬코트에서 열
렸는데, 한국 여성 골퍼들은 어려운 코스를 극복해 가며 2위를 차지하는 영
광을 누리기도 했다.

남아공의 숨은
비경을 간직한
가든 루트

웨스턴 케이프 주는 남아공의 총 9개 주 가운데 가장 남서쪽에 위치해 있다. 이 지역은 다른 지방에 비해 유러피언 스타일 문화가 발달하였다.

웨스턴 케이프의 면적은 남한보다 조금 크고 북한과 비슷하다. 케이프타운이 웨스턴 케이프의 가장 주요 도시이며, 동쪽으로는 치치캄마 산맥의 일부를 경계로 이스턴 케이프 주와 접해 있다.

웨스턴 케이프 주에는 다양한 관광 명소가 즐비하다. 여기서 소개할 곳은 웨스턴 케이프 해안지대를 이루는 가든 루트 지역과 웨스턴 케이프의 내륙에 위치한 오우테니쿠아 패스, 그리고 웨스턴 케이프와 이스턴 케이프 지방의 해안지대에 걸쳐 있는 치치캄마 국립공원, 이스턴 케이프 지방의 관문이자 주요 항구인 포트 엘리자베스 등이다.

최상의 드라이브 코스를 선사하는 정원길, 가든 루트

서쪽 모젤 베이Mossel Bay에서 동쪽 플레텐버그 베이Plettenberg Bay까지 이어진 해안가 일대를 통틀어 가든 루트Garden Route라고 부른다. 가든 루트는 좁은 의미에서는 그 영역의 해안 도로, 즉 N2 도로를 말한다. 가든 루트의 백미는 무엇보다도 드라이빙이다. 해안선을 따라 달리는 도로의 특징은 한마디로 울창한 숲길을 달리는 기분을 느끼게 한다. 도로 양 옆에는 옐로 우드

▲ 가든 루트의 원시적 풍광을 지닌 해변　▼ 나이스나 요트항

트리Yellow wood Tree 등 덩치 큰 나무들이 숲을 이루고 있다. 그리고 각종 야생화를 비롯하여 무려 8,600종에 이르는 식물들이 분포해 있다. 그중 5,800여 종이 희귀종이라니 식물의 낙원인 셈이다.

가든 루트 해변은 서퍼들의 천국이다. 케이프반도의 수온보다 훨씬 따뜻하고 파도의 높이 역시 다양하며 서핑을 배울 수 있는 서핑스쿨도 있다. 모젤 베이, 스틸 포인트 베이, 헤롤드 베이, 빅토리아 베이, 버펄로 베이, 플레텐버그 베이 등이 서핑하기 좋은 장소들이다.

가든 루트 여행은 나이스나에서 시작

가든 루트의 주요 관광지는 나이스나Knysna, 플레텐버그 베이Plettenberg Bay), 모젤 베이Mossel Bay 등지인데, 여행자들은 나이스나를 베이스로 그 주변 도시나 해안 마을을 방문한다.

숲으로 둘러싸인 나이스나의 작은 항구에는 요트를 즐기러 온 여행자들의 발길로 분주하다. 면적 13km²나 되는 방대한 나이스나 라군Knysna Lagoon 은 크루즈를 통해서만 둘러볼 수 있다. 이곳은 아직 국립공원의 형태를 띠고 있지는 않지만 인기 있는 휴양지다.

나이스나의 매력 중 하나는 요트를 타고 보랏빛 무드를 자아내는 라군 주변의 아름다운 선셋을 즐기는 것이다. 작은 요트 항에는 선셋 크루즈 2시간 반 소요를 할 수 있는 나이스나 워터프론트 페리Knysna Waterfront Ferry가 매일 오후 늦게 출발한다.

◀ 플레텐버그 베이의 광활한 해변 풍광

비탈진 고갯길 드라이빙의 묘미를 선보이는 오우테니쿠아 패스

웨스턴 케이프 지역을 여행하기 위해 먼저 케이프타운에서 비행기를 타고 조지George로 향했다. 조지는 가든 루트 여행의 출발점이자 관문이다. 조지 공항에서 미리 예약한 렌터카를 몰고 해안선을 달렸다. 먼저 다다른 곳은 오우테니쿠아Outeniqua 패스. 이 고갯길을 넘어 타조 농장으로 유명한 오우츠후른Oudtshoorn까지 달리는 코스는 웨스턴 케이프에서 가장 아슬아슬한 드라이빙 코스다.

정신을 바짝 차리고 핸들을 꽉 잡았지만 나의 시선은 자꾸 차창 밖으로 향했다. 오우테니쿠아 패스는 산과 산이 겹겹이 마주하고 있는 웅장한 자연미가 압권이었다. 산을 빙빙 도는 고갯길은 영원히 이어질 것만 같았다. 차창 밖은 낭떠러지가 바로 눈앞에 보일 정도로 아찔했다. 순간 불안감이 엄습해 왔지만 그래도 낯선 곳을 달리는 상쾌한 기분은 최고였다.

긴장감이 사라지자 이제까지 보지 못했던 별천지가 펼쳐졌다. 말로만 듣던 사막 지형을 닮은 카루Karoo 지방의 허허벌판이 이어졌다. 이러한 광경은 오우츠후른에 이르기까지 계속되었다. 마치 엉금엉금 벼랑을 타고 올라 산봉우리의 평평한 고지에 다다른 느낌이었다.

인기 있는 타조 가죽 제품

오우츠후른은 타조의 고장으로 불린다. 1870년대 이후 이 타운 주변에는 수많은 타조 농장이 들어섰는데, 20세기에 들어와 패션에 타조 깃털이 유용하게 쓰이자 꽤 많은 수익을 얻었다고 한다.

오우츠후른 시내 레스토랑에서는 맛있는 타조 고기를 저렴하게 즐길 수

해안선을 따라 놓인 가든 루트 도로

있다. 닭고기보다 육질이 좀 퍽퍽하고 담백한 맛이다. 오우츠후른에서 한동
안 머무를 계획이었다면 본격적으로 타조 요리를 맛볼 수 있었을 텐데, 잠시
아쉬운 생각이 들었다.

오우츠후른에서는 매해 4월마다 문화축제인 클레인 카루 쿤스트피어스가
열린다고 한다. 이 축제 기간에 이 지역 젊은 예술가들이 연극과 무용 등 다
양한 퍼포먼스를 펼친다. 여행자들이 오우츠후른에 머물 경우 이곳 유스호
스텔에서 주선하는 리틀 카루 지역의 투어 프로그램에 참여할 수 있는데, 추
천하고 싶은 곳이 바로 칸고Cango 동굴 투어다. 젖은 지역Wet Place이라는 이
름의 이 동굴은 안에서 미끄럼타기 등의 액티비티를 즐길 수 있다.

나이스나 항구 안내판과 나이스나 항구에 있는 아담한 건물. 그리고 니이스나 관광안내소

색다른 관광 명소
치치캄마 국립공원

오우츠후른에서의 짧은 일정을 뒤로하고 다시 차를 몰았다. 이번 목적지는 치치캄마 국립공원이다. 해안선과 나란히 달리는 치치캄마 산맥을 따라 방대한 면적에 펼쳐져 있는 치치캄마 국립공원은 웨스턴 케이프 지방의 색다른 멋을 느끼게 하는 자연 관광 명소다. 이곳은 웨스턴 케이프의 플레텐버그 베이에서 이스턴 케이프의 휴만스도르프Humansdorp까지 82km에 다다르는 해안선이 이어져 있다.

치치캄마 국립공원에서의 하이킹

치치캄마 국립공원에 서식하는 동물 중에 수달이 유명하다. 이곳을 방문하는 동안 수달을 볼 수 있으리라 상상했지만 기대에 그치고 말았다. 수달을 보려면 적어도 수일 동안 전문 가이드와 함께 깊은 곳으로 들어가야 하기 때문이다. 하지만 바분, 원숭이, 영양 등 포유류와 수많은 종류의 새들이라도 보았으면 좋겠다는 생각이 들었다.

플레텐버그 베이에 잠시 차를 세웠다. 그리고 시내 주변의 여행자 숙소를 둘러보니 번지점프, 스카이다이빙 등 아웃도어 액티비티 프로그램을 알선해주는 곳이 많았다. 역시 남아공은 아웃도어 액티비티 천국이다.

나는 치치캄마 국립공원에서의 하이킹에 관심이 갔다. 여행자들이 가장 선호하는 루트인 오터 트레일Otter Trail을 달리고 싶었다. 42km에 이르는 이 트레일은 스톰스 리버 마우스에서부터 네이처스 밸리nature's Valley까지의 해안을 달리는데 보통 4박5일 일정으로 완주한다. 수많은 강과 얕은 물을 걸어서 건너며, 놀라운 비경을 간직한 해안선을 만나게 되는 이 일정은 체력과 인내가 필요한 코스다. 어느 정도 체력이 있어야 한다는 말에 조금 겁이 났다.

그런데 알고 보니 오터 트레일 코스는 미리 신청을 해야만 할 수 있는 액티비티였다. 남아공의 수도 프리토리아에 있는 남아공 국립공원 오피스South African National Parks Office을 통해 신청해야만 한다는 것이었다. 어차피 5일간의 일정은 나에게 부담이었다. 남아공 여행 일정이 빡빡하여 어쩔 수 없이 오터 트레일 코스는 다음 기회로 미루었다.

오터 트레일과는 달리 내륙의 숲길을 걷는 64km의 치치캄마 트레일 코스는 별도의 비용 없이 오두막에서 숙박비하룻밤에 50랜드 정도만 내면 된다. 하지만 이 트레일 프로그램 역시 4박5일 정도 걸리며 프리토리아의 포레스트리 디파트먼트Forestry Department를 통해 신청해야만 했기에 현지에서 바로 프로그램에 참여할 수는 없었다.

남아공에서 가장 높은 번지점프

나는 치치캄마 국립공원에서 가장 유명한 번지점프 장소로 이동했다. 이곳에서 번지점프를 할 자신은 없었지만 216m로 세계에서 가장 높은 곳 중 하나인 이곳에서 번지점프를 하는 사람들의 모습을 보고 싶었다. 216m 높이 위에 걸쳐 있는 블로우크란스 리버 브릿지Bloukrans River Bridge는 천상에 걸려 있는 다리 같았다. 보기만 해도 아찔했다. 내가 과연 저 다리 위를 걸어갈 수 있을까 하는 생각도 들었다. 아마도 번지점프를 하기 전 먼저 실신을 할 것 같았다. 다리 주변에는 세계에서 가장 유명한 번지점프라는 소문 때문인지 많은 사람들이 모여 있었다. 번지점프 비용도 600랜드로 꽤 비쌌다. 또 번지점프를 하지 않더라도 80랜드를 내면 점프대 앞에 서서 강 아래를 내려다볼 수 있는 티켓을 팔고 있었다. 대단한 상술이다. 개인적으로 패러글라이닝과 래프팅, 그리고 촬영차 헬리콥터를 두 차례 타본 적은 있지만 번지점프를 해본 적은 없다. 번지점프를 한 친구들은 최고의 액티비티라고 입을 모은다.

가든 루트의 종착지, 포트 엘리자베스

웨스턴 케이프의 N2 도로를 따라 계속 달리면 가든 루트 지역의 나이스나, 플레텐버그 베이, 그리고 치치캄마 국립공원의 네이처스 밸리, 스톰스리버를 지나 대도시 포트 엘리자베스Port Elizabeth에 이르게 된다. 나는 조지에서 출발하여 포트 엘리자베스에서 웨스턴 케이프 여행을 마쳤다.

포트 엘리자베스는 조지, 나이스나 등지와는 달리 시내에 흑인들로 북적였다. 치안이 걱정되어 이곳에서 오래 머물지는 않았다. 포트 엘리자베스는 빅토리아 폭포 등을 발견한 스코틀랜드 출신의 선교사 리빙스턴이 1차 아프리카 여행을 하였을 당시 출발점으로 알려져 있다. 여행자들에게는 인근의 아도 코끼리 국립공원Addo Elephant National Park을 방문하는 베이스로 유명하다. 아도 코끼리 국립공원은 남아공에서 가장 많은 코끼리가 서식하는 야생동물 보호구역 중 하나다. 또한 펭귄이나 바다표범 등을 관찰할 수 있는 생 크로와St Croix 섬, 벤톤Benton 섬으로 떠나는 크루즈 투어도 이곳에서 참여할 수 있다.

남아공
제3의 도시
더반

콰줄루나탈kwazulunatal은 남아공 동부 연안에 있는 지방으로 가장 큰 도시가 바로 더반이다. 콰줄루나탈은 아파르트헤이트 시대에 콰줄루 주와 나탈 주로 분리되었다. 콰줄루는 줄루족의 고향이며, 그들은 백인과의 전투에서 용맹함을 보여 주었던 종족이다. 특히 줄루족의 왕 샤카Shaka는 수많은 전투에서 승리한 영웅이다.

더반에서 세인트루시아 습지공원으로 가는 길 중간는 샤카랜드라는 테마파크가 있다. 샤카 왕의 이름을 딴 이곳은 콰줄루나탈의 인기 있는 관광명소로 줄루족의 생활상과 문화, 건축양식을 보여 준다. 특히 다채로운 민속공연과 현지 음식을 맛볼 수 있어 여행자들에게 인기가 많다.

25명의 정착촌으로 시작된 도시

콰줄루나탈은 역사적으로 영국이 남아공 땅에 들어오자 그들의 간섭을 피해 이주한 보어인들이 최초로 나라를 세운 곳이다. 보어인들은 오늘날의 콰줄루나탈 지방에 나탈 공화국을 세우고 수도를 피터마리츠버그Pietermaritzburg로 정했다. 피터마리츠버그는 현재 더반의 서쪽으로 73km 지점에 자리한 도시다. 현재 콰줄루나탈의 주도다.

그보다 앞서 이 도시가 건립된 것은 1880년이다. 가장 먼저 이곳을 찾은

▲ 산책하기 좋은 더반의 마린 퍼레이드　▼ 우샤카 마린랜드의 전통 민속공연

이들은 케이프 콜로니Cape Colony에서 온 25명의 영국인이었다. 이들이 이곳에 정착촌을 만든 때가 1824년이다. 그중에는 헨리 프란시스 핀이라는 모험가가 있었는데, 그는 이 지방 일대를 장악하고 있던 샤카 왕의 상처를 치료해 줌으로써 그와 친분을 쌓았다. 샤카는 전투에서 입은 상처가 회복되자 헨리에게 해안선을 따라 길이가 50km에 이르고 내륙으로 160km에 이르는 어마어마한 땅을 선사했다. 그 후 1835년 35명의 유럽인들이 헨리의 땅에 들어와 살게 되었고, 이것이 시초가 되어 당시 케이프 콜로니 총독이었던 더반 d'Urban의 이름을 본따 정착지를 더반이라 명명하게 되었다.

인도계 후손이 많이 사는 곳

더반은 우리에게 낯선 도시가 아니다. 2010년 남아공 월드컵에서 한국팀이 이곳 월드컵 경기장에서 조별 예선 3차전 경기를 펼쳤다. 상대는 나이지리아였고 승부는 2대 2였지만, 우리는 역사상 처음으로 해외에서 열린 월드컵 무대에서 16강에 올랐다.

더반은 광역을 포함하여 인구 384만 명이 사는 대도시다. 시내를 다니다 보면 인도계 사람들 모습을 많이 볼 수 있는데, 이 도시 인구 중 24%가량이 인도계다. 참고로 흑인은 51%, 백인은 15.3%, 컬러드혼혈는 8.6%다.

이곳에 인도인의 후손이 많은 이유는 그들의 선조가 백인들에 의해 사탕수수밭 노동자로 끌려왔기 때문이다. 오늘날 더반 시내 곳곳에는 힌두 사원도 많고 이것이 요하네스버그나 케이프타운 같은 다른 대도시와 다른 점이다. 인도인의 생활양식을 느낄 수 있는 곳이 많다.

▲ 주정부에서 운영하는 더반의 민예품 상점   ▼ 더반 시내 중심가

남아프라카공화국, 레소토, 스와질랜드 **241**

▲ 시민들의 휴식처 더반 해변   ▼ 호텔에서 바라본 해변의 야경

주변 해안에 가득한 휴양지와 리조트

더반은 온난한 아열대성 기후로 한여름인 1월 평균기온이 27도, 가장 서늘한 7월의 평균기온은 22도다. 휴양을 하기에 적합한 기후여서 더반 주변에는 휴양지가 널려 있다. 특히 더반-이스트 런던-포트 엘리자베스를 연결하는 해안선에는 크고 작은 리조트가 포진해 있다. 이곳에는 정말 기막히게 멋진 해안 절벽이 숨어 있다. 제프리스 베이Jeffrey's Bay 같은 해변에는 서퍼들에게는 더할 나위 없이 훌륭한 자연조건을 제공한다.

더반 도시 자체는 남아공 내에서 인기 있는 관광지는 아니다. 하지만 더반에서 콰줄루나탈 내륙으로 들어가면 이야기가 달라진다. 레소토와의 국경에 자리한 해발 3천 미터 높이의 산들이 줄지어 들어선 드라켄스버그 산맥의 위엄은 크나큰 감동과 놀라움이다.

여행자들은 며칠간의 일정으로 이곳에서 하이킹을 즐기기도 한다. 남아공에서 유일한 스키 리조트 티핀델Tiffindell이 이곳에 있다. 티핀델은 레소토 남쪽 접경지대에 있다.

각종 놀이기구가 있는
우샤카 마린랜드

6km에 이르는 도시 해변

더반의 주요 명소는 해변이다. 6km에 이르는 골든 마일이라 불리는 긴 해변이 인도양과 마주하고 있다. 더반 중심가에서 가까운 곳에 노스 비치North Beach, 데리 비치Dairy Beach, 사우스 비치South Beach, 우샤카 비치Ushaka Beach 등이 있다. 해변 남쪽에 자리한 우샤카 비치 인근에는 우샤카 마린랜드Ushaka Marine World라는 테마파크가 있다. 미국 캘리포니아에 있는 씨월드와 비슷한 곳으로 다이내믹한 돌고래쇼를 보고 흥미진진한 워터슬라이드를 탈 수 있다.

인도양을 마주하고 있는 해변에는 산책을 하거나 연인과 사진을 찍는 모습이 보인다. 어떤 젊은이는 정성껏 모래성을 쌓고 있다. 모래로 만든 거대한 작품을 찍으려 하면 팁을 요구하기도 한다.

해가 지기 전까지는 해변과 그 주변을 어슬렁거려도 안전하지만, 종종 해변가에서 강도를 만나거나 소매치기를 당하는 경우도 있어 인적이 드문 곳에서는 늘 주의해야 한다. 가장 좋은 방법은 해변에서 현지인들이 북적이는 곳에 머무는 것이다.

가장 안전한 곳은 더반 해변에 접한 마린 퍼레이드Marine Parade다. 이곳은 노스 비치에서 데리 비치까지 이어진 산책로인데, 조각상과 편의시설 등이 들어서 있어 해변을 구경하려는 사람들이 가장 많이 몰린다. 이 일대에 고급 호텔과 레스토랑이 들어서 있다. 또 거리에는 목공예와 민예품을 파는 행상인들이 눈에 띈다.

▲ 언덕 위에서 바라본 더반의 마천루　▼ 더반 시내의 영국풍 건물들

아프리카에서 가장 큰 무역항

이번에는 빅토리아 임뱅크먼트Victoria Embankment 거리로 가보자. 나탈 베이Natal Bay와 접해 있는 이곳은 도시의 역사적 모습을 엿볼 수 있다. 빅토리아 임뱅크먼트 서쪽에 자리한 윌슨스 워프Wilson's Warf는 작은 요트항이 있는 더반에서 가장 핫한 지역 중 하나다. 이곳에 멋진 카페와 레스토랑이 몰려 있어 주말에는 젊은이들로 북적거린다. 이곳 카페에 앉아 아프리카에서 가장 북적거리는 무역항의 모습을 엿볼 수 있다.

세계에서 아홉 번째로 큰 더반 항구는 이 나라로 들어오는 화물선의 대부분을 맞이한다. 역사적으로는 포르투갈의 항해사 바스코 다 가마가 1497년 12월 25일 이곳을 방문했다는 기록이 있다. 오늘날 이 항구의 이름이 나탈Natal로 불리는 것도 당시 바스코 다 가마가 크리스마스에 이곳을 방문한 뒤 나탈포르투갈어로 '크리스마스'라는 뜻이라고 이름을 붙였기 때문이다.

거리를 활보하는
더반 사람들

에코투어리즘 명소
세인트루시아
습지공원

세인트루시아 습지공원은 일반인들에게 잘 알려진 주요 관광지는 아니지만 콰줄루나탈 지방을 여행하거나 더반에 머물 계획이 있다면 하루 정도 시간을 내어 방문해 보는 것도 좋다. 원주민들에게 줄루Zulu는 천국이라는 뜻이다. 더반 북동쪽에 있는 줄루랜드는 가공되지 않은 자연 경관을 간직한 땅이다. 여행자들은 여러 군데 흩어져 있는 줄루족 마을을 방문할 수 있는데, 놓치지 말아야 할 곳은 바로 세인트루시아 습지공원이다.

세계 최대의 에코투어리즘 명소

인도양에 접해 있는 세인트루시아 습지공원은 280km 길이로 길게 펼쳐져 있다. 세인트루시아 습지공원이 있는 해안을 이곳에서는 엘러펀트 코스트 Elephant Coast라 부르기도 하고, 이 해안선 일대를 세계 최대 에코투어리즘 명소라고 소개하기도 한다. 그만큼 인위적인 손길이 닿지 않은 자연 그대로의 모습을 보여 주기 때문이다. 그렇다고 남아공을 방문하는 여행자들이 꼭 들르는 곳은 아니다.

크루거 국립공원이나 케이프반도 일대에 비해 이곳을 찾는 여행자는 적다. 아마도 지리적 근접성이 떨어지기 때문이다. 대중교통을 이용하려면 바즈버스www.bazbus.com 같은 배낭여행자 편의를 위한 미니버스 루트를 추천한다. 바즈 버스는 남아공 전역을 운행하는 미니버스로 무엇보다 가격이 저렴하다. 그리고 가장 큰 장점은 다른 여행자들을 만날 수 있다는 점. 또한 저렴한 호스텔이나 게스트하우스 사이를 이동하므로 숙소를 구하기가 편하다.

습지공원으로 가는 관문 세인트루시아 에스츄어리

더반을 출발해 세인트루시아 습지공원으로 들어가는 입구에 세인트루시아 에스츄어리라는 작은 타운이 있다. 에스츄어리Estuary는 강어귀라는 뜻이다. 세인트루시아 습지공원에서 50km 정도 떨어져 있는 세인트루시아 에스츄어리에 도착해서 가장 눈에 띈 것은 WHALE고래라고 크게 적힌 간판이 붙은 여행사였다. 인근 해안에서 고래 관찰 투어가 성행하는 것 같은데, 투어에 참여하면 고래 모습을 담은 DVD를 제공해 준다고 쓰여 있었다.

또 다른 안내판에는 히포Hippo와 크록Croc이라는 단어가 선명하게 적혀 있었다. 바로 세인트루시아 습지공원 보트 투어를 선전하는 안내판이었다. 습지공원으로 들어가기 전부터 이곳의 야생동물인 하마와 악어를 볼 생각을 하니 마음이 설렜다.

투어를 알선해 주는 여행사, 자전거 대여소 등 여행자를 위한 편의시설을 갖추고 있는 세인트루시아 에스츄어리는 매우 작은 타운이지만 이곳을 찾는 관광객들이 적지 않은지 거리 한켠에 각종 과일을 펼쳐놓고 파는 행상인들의 행렬이 길게 이어져 있었다. 파인애플, 바나나를 비롯해 처음 보는 크고 둥그런 초록색 열매아마도 열대과일 중 하나인 아비우abiu가 아닐까도 놓여 있었다.

▲ 세인트루시아 에스츄어리에 있는 여행자 편의시설　▼ 보트 투어를 알선하는 현지 여행사

거리에서 과일을 파는 행상인들

흘루흘루웨-임폴로지 공원을 관통하다

미리 준비해 둔 차량을 타고 습지공원 보트 투어를 하기 위해 선착장으로 이동했다. 그런데 차창 너머로 초원지대가 나타났다. 뜻밖이었다. 그 위로 힘차게 달리는 얼룩말 무리 열 마리를 발견하였다. 우리가 향하는 같은 방향으로 뛰고 있는 게 신기했다. 무리 중에는 태어난 지 얼마 안 된 듯한 작은 얼룩말 새끼도 보였다. 한참을 달리다 지쳤는지 얼룩말 무리는 걸음을 멈추고 각자 흩어지기 시작했다. 무리 중 한 녀석이 고개를 돌려 우리 차량을 바라보았다.

재미있는 장면 중 하나는 얼룩말이 머리를 상대의 등에 기대고 서 있는 모습이다. 서로 좋아하는 암컷과 수컷의 관계인가? 잘 알 수는 없지만 훗날 동부아프리카 야생동물 보호구역에서도 이와 같은 모습을 다시 볼 수 있었다.

이곳도 세인트루시아 습지공원일까? 아직 습지공원은 아니었다. 나중에 알고 보니 우리가 달리던 N2 국도는 흘루흘루웨-임폴로지Hluhluwe-Imfolozi Park라는 공원을 관통하고 있었다. 이 도로를 달리는 차량은 자연스럽게 도로 양 옆에 펼쳐진 초원의 야생동물을 무료로 감상할 수 있다.

사실 흘루흘루웨-임폴로지 공원은 여행자들에게 좋은 기억을 떠올리게 하는 야생동물 관찰 명소로 알려져 있다. 이곳 면적은 960km²로 사자, 코뿔소, 코끼리, 표범, 기린 등이 서식하고 있다. 또한 포유류만 86종이고, 조류는 340여 종에 달한다고 한다. 겨울철에 방문객들이 많이 몰리는데, 이때 동물들이 특별히 물이 있는 곳에 모이지 않고 여러 곳에 흩어져 있어 어디를 가나 동물들을 쉽게 볼 수 있기 때문이다.

생김새가 비슷해 구별이 쉽지 않은 영양

좁은 비포장도로를 달리는데 길가에 영양 두 마리가 나타났다. 아프리카의 영양은 사슴과 흡사하다. 워낙 영양류의 포유류가 많아서 가이드가 설명해 주어도 그 녀석이 그 녀석 같다. 그래서 야생동물 그림이 있는 가이드북을 봐야 더 흥미롭다.

가젤, 스프링복, 임팔라, 스틴복, 수니, 클립 스프링거 등은 크기가 비슷하다. 좀 더 큰 것은 쿠두, 세이블, 로운 앤틸롭, 본테복, 젬스복, 워터벅 등이다. 이 녀석들을 구별하는 방법은 뿔 모양 또는 털 색깔이나 모양에 따라서다.

내가 본 녀석은 임팔라였다. 임팔라는 남아공 야생동물 보호구역에서 쉽게 볼 수 있는 동물 중 하나다. 임팔라는 주로 무리를 지어 살아간다. 최대 100마리까지 모여 산다고 한다. 맹수의 습격에 대비하여 뭉쳐야 산다는 진리를 터득하고 있는 셈이다.

임팔라는 순하고 착하게 생겼다. 또 힘이 약해 쉽게 다른 포식자의 먹이가 된다. 그래도 다행인 건 무척 빠르다는 것이다. 표범이나 치타와의 달리기 경주에서도 쉽게 지지 않는다. 그래서 맹수들은 어린 임팔라를 먹잇감으로 노린다.

▲ 흘루흐루웨–임폴로지 공원에서 뛰노는 얼룩말들
▼ 착하고 순하게 생긴 임팔라. 포식자가 나타나면 재빠르게 도망친다.

하마들의 놀이터
세인트루시아
습지공원

최근에 세인트루시아 습지공원 명칭이 이시망갈리소 공원Isimangaliso Park으로 바뀌었다. 이시망갈리소는 줄루어로 '기적'이란 뜻이다. 왜 기적이란 이름을 새로 붙인 것일까? 여기서는 편의상 옛 명칭인 세인트루시아 습지공원을 사용하겠다.

1822년 영국은 세인트루시아 일대에 현지인들이 거주할 수 있는 타운십을 건설하였다. 1895년 타운십에서 북쪽으로 30km 떨어진 지점에 세인트루시아 야생동물 보호구역이 처음으로 지정되었다. 그리고 1971년 람사르 조약에 의해 이 지역 일대의 중요성이 인정되어 세인트루시아 호수와 터틀 비치, 마푸타랜드의 산호지대가 국제습지보호구역으로 지정되었다. 그리고 1999년에는 유네스코 세계자연유산으로 등재되었다.

세인트루시아 습지공원은 3,200km²의 거대한 면적을 자랑한다. 북쪽으로는 모잠비크 국경에서부터 남쪽으로는 세인트루시아 호수 끝까지 이어져 있다. 이 거대한 습지공원은 서로 다른 다섯 개의 생태계를 지닌 것으로도 유명하다. 다시 말해 산호지대와 해변에서부터 호수와 습지, 삼림지대, 해안의 수풀림으로 구성되어 있다. 특히 이곳 해변 일대는 바캉스 시즌이 되면 해수욕을 즐기려는 인파로 북적거린다.

이곳 습지와 호수에는 하마, 악어, 펠리컨, 독수리 등 다양한 야생동물이 서식하고 있다. 그중에서 가장 인기 있는 동물은 하마다. 하마 수십 마리를 한꺼번에 볼 수 있는 곳은 아프리카 전역에서도 그리 많지 않기 때문이다.

세인트루시아 호수는 아프리카에서 가장 큰 어귀다. 다시 말해 세인트루시아 습지의 물이 바다로 흘러 들어가는 곳이다. 사실 지난 60여 년 동안 가뭄으로 인해 이 호수의 수면이 점점 낮아져 환경생태계에 큰 영향을 주고 있다. 이 때문에 당국과 환경연구가들은 이 문제를 해결하기 위해 다방면으로 노력하고 있다.

하마의 위협에 놀라 도망치는 악어

보트 투어가 시작되는 선착장에 도착했다. 관광객을 태울 배는 창문 없이 지붕만 있어 사방으로 주변을 둘러보기에 좋아 보였다. 두 시간 동안 진행될 보트 투어가 기대되었다. 배 안에는 방문객들이 맥주나 음료수를 마시며 습지대와 호수를 둘러볼 수 있게 테이블이 일렬로 놓여 있다.

선착장에서 바라본 세인트루시아 습지공원은 매우 평온해 보였다. 구름 몇 조각이 걸려 있는 하늘은 푸르디 푸르렀다. 비가 와서인지 호수물은 진흙탕 빛이었다. 그래도 공기는 상쾌했다.

배가 서서히 이동하자 모두 자리에 앉았다. 십여 분을 달리자 습지 인근에서 하마가 포착되었다. 예전에 육지에서 하마를 본 적이 있는데 물가에서 하마를 제대로 구경하는 것은 처음이었다. 그만큼 흥분되었고, 앞으로 이곳에서 만나게 될 야생의 모습이 기대되었다.

그런데 자세히 보니 한 마리가 아니었다. 물 속에서 얼굴을 내밀고 있는 녀석들이 열 마리 정도는 되었다. 이렇게 많은 하마 무리를 한번에 본 것은

▲ 입을 크게 벌리고 있는 하마의 모습　▼ 세인트루시아 습지공원을 둘러보려면 보트 투어가 필수

처음이었다. 뭍으로 나온 하마 옆으로 악어가 다가오자 하마는 입을 크게 벌려 위협을 가하기도 했다. 그러자 악어는 슬금슬금 물러나기 시작했다.

늠름한 자태를 뽐내는 아프리칸 피시이글

이번에는 새를 관찰할 차례다. 세인트루시아 습지 투어의 매력은 바로 이곳 생태계에서 살아가고 있는 다양한 조류를 만나는 것이다. 이를 알고 온 사람들은 각자 망원경을 준비해 오기도 한다.

물가 나뭇가지 위에 독수리 한 마리가 앉아 있었다. 아프리카 바다수리라고 불리는 아프리칸 피시이글African Fish Eagle이다. 지금까지 본 독수리 중에서 가장 우아한 자태를 뽐내는 녀석이었다. 머리와 가슴 부분은 하얗고 날개와 다리 부분은 짙은 밤색을 띠었으며, 부리 주변이 노란색이어서 흰색 머리와 대비되어 묘한 색채의 조화로움을 느끼게 했다.

이 독수리는 사하라 사막 남쪽 아프리카에서 폭넓게 서식하는데 짐바브웨, 잠비아 등지의 국조라고 한다. 강이나 호수 등지에서 물고기를 잡는 데 능숙하여 피시이글이란 이름이 붙었다고 한다.

다시 한참을 더 나아가다가 다른 무리의 하마를 만났다. 뭍에 있는 하마 무리 중에는 어린 새끼도 있고, 물에서는 하마들이 수면 위아래로 오르락내리락하며 물놀이를 하고 있었다. 물속에서 수영하는 하마의 모습을 보고 싶은 생각이 들었다. 위험하지만 않다면 물속에 들어가 스노클링을 하며 하마가 헤엄치는 모습을 볼 수 있다면 이보다 더 신나는 일이 있을까.

▲ 뭍에 나와 망중한을 즐기는 하마 가족 ▼ 물속에 들어가 얼굴만 내밀고 있는 하마 무리

콰줄루나탈의
드라켄스버그

드라켄스버그Drakensberg 산맥은 남아프리카공화국과 레소토 공화국 사이의 경계선을 이루며 뻗어 있다. 산맥 위로 솟은 산봉우리들의 파노라마는 남아공에서 제일가는 멋진 광경으로 외경심을 불러일으킬 만큼 가슴 시린 풍광을 뽐내고 있었다.

드라켄스버그 산맥 일대를 짧게 드라켄스버그라는 고유명사로 부르기도 한다. 드라켄스버그는 '용'이란 의미의 드래곤이라는 단어에서 유래되었다. 예전에는 드래곤 마운틴Dragon Mountains이라 부르기도 했다.

이 지역 토착민인 줄루족은 이곳을 창처럼 생긴 장애물이라는 뜻으로 우카흘람바Ukhahlamba라고 불렀다. 그러한 연유로 드라켄스버그를 우카흘람바-드라켄스버그라고도 부른다. 실제로 드라켄스버그가 이루는 산악지대의 지형을 보면 잔뜩 오므린 활대 같은 모양이다.

2000년 유네스코 세계자연유산으로 지정된 드라켄스버그는 남아공의 9개 주에서 동쪽에 위치한 콰줄루나탈KwaZulu-Natal 지방에 자리한다. 콰줄루나탈은 아름다운 비경과 전통문화의 매력을 지닌 곳으로, 줄루족의 고장인 줄루랜드Zululand로 더 잘 알려져 있다.

마라톤 경주 코스인 천의 언덕의 계곡

5월 더반에서 열린 인다바Indaba 아프리카 국제관광박람회를 보고 콰줄루나탈 관광청에서 마련해 준 3박4일의 드라켄스버그 지역 투어 프로그램에 참여했다. 케이프타운과 폴란드에서 온 참가자들과 함께 우리는 더반을 출발하여 3번 국도를 타고 북서쪽으로 달렸다. 모처럼 도시 외곽으로 나와 시골 풍경을 감상하며 드라이브를 즐기기에 더할 나위 없이 좋은 날씨였다.

더반 시 외곽을 벗어나자 천의 언덕의 계곡Valley of 1000 Hills이 나타났다. 마치 롤러코스터가 굴러가듯 언덕들이 춤추며 이어져 있다 하여 천의 언덕의 계곡이라는 이름이 붙여진 곳이다. 실제로 천 개의 언덕이 이어져 있는지는 확인할 길이 없지만, 더반 외곽의 주요 명승지라서 그런지 크래프트 숍과 레스토랑, 카페 등이 국도 주변에 즐비하게 들어서 있었다.

길을 가다 보니 캄래드 마라톤Comrades Marathon 경주에서 우승한 선수들의 이름을 우승 연도와 함께 청색과 황색의 작은 철판에 새겨 도로 옆 벽돌에 붙여 놓았다. 얼마나 많은 선수들이 숨을 헐떡이며 이 가파른 언덕길을 오르내렸던 것일까? 이 기념비를 지나면서 천의 언덕의 계곡을 자동차로 쉽게 오르는 것이 미안하다는 생각이 들었다.

천의 언덕의 계곡을 감싸는 도로는 잘 알려지지 않은 시닉 루트scenic route다. 도로 아래로 평화로운 계곡과 마을이 촘촘히 이어져 있고, 기름진 산천이 춤추듯 정겹게 눈에 들어왔다. 멀리 겹겹이 싸여 입체적으로 보이는 능선과 꿈틀거리듯 휘어져 있는 강의 지류를 보니 마치 화창한 날씨 속에 그려진 한국 산수화를 보는 듯한 착각이 들었다. 나무는 산 위에 듬성듬성, 가옥 역시 드문드문 놓여 있는 모습은 우리네 산촌과는 좀 다른 모습이었다. 하지만

▲▼ 디디마 캠프 로지와 카테드랄 파크 주변 풍광

▲▼ 움제뉴 강의 작은 지류

모든 것이 여유로워 보였다.

우리가 탄 차가 외딴 마을 옆을 지나면서 서행할 때 길가에 서 있던 한 무리의 아이들을 발견했다. 달리는 차 안에서 카메라를 밖으로 내밀자 아이들이 달려와 마을 입구 간판 아래 서서 저마다 재미있는 포즈를 취했다. 모두 티 없이 해맑은 표정이었다. '나도 좀 끼워 줘' 하며 한 아이가 밀려서 달려오는 모습이 어찌나 안쓰러우면서도 귀여운지. 무슨 큰 볼거리라도 생긴 듯 날뛰는 아이들 모습은 시골 하늘의 순박함을 그대로 닮은 듯했다.

일고여덟 살쯤 되어 보이는 아이들 모습을 가만 들여다보니 남녀 구분이 어렵다. 모두 빡빡머리이고 왕방울 만한 눈에 길고 짙은 눈썹도 모두 비슷했다. 그런데 구분하는 방법이 있었다. 가만 보니 여자아이들은 푸른색 원피스 교복을 입고 있었다.

넬슨 만델라의 인권운동을 회상하며

우리는 피터마리츠버그Petermaritzburg를 향해 3번 국도를 힘차게 달렸다. 천의 언덕의 계곡을 지날 무렵 관목과 수풀로 우거진 움제뉴Umngenu 강의 작은 지류를 발견했다. 큼지막한 돌들이 징검다리를 이루고 있었다. 이 강은 인도양의 드넓은 바다와 드라켄스버그 고지를 연결하는 중대한 이음부 역할을 하고 있었다.

차창 너머로 전봇대에 걸려 있는 빛 바랜 사진 포스터가 눈에 들어왔다. 지역 의원쯤으로 보이는 인물 사진인 듯했다. 다시 시야를 돌리니 멀리 탁자처럼 생긴 테이블 모양의 바위산이 평평하게 솟아 있었다. 이처럼 드라켄스버그 지역에 가까울수록 이름 모를 테이블 형태의 산들이 군데군데 숨어 있었다.

한참 지나서 운전사가 갑자기 차를 세웠다. 그곳에 만델라 체포 지역Mandela Capture Site이라는 표지판이 놓여 있었다. 주변에는 무성한 잡초와 철조망으로 된 알 수 없는 경계선만이 놓여 있어 더욱 궁금증을 자아냈다. 혹시 이곳에서 볼일을 보라고 하는 건 아니겠지? 기우였다. 운전사인 가이드 말로는 이곳에서 넬슨 만델라 남아공 전 대통령이 피신 도중 당시 경찰들에게 붙잡혔다고 한다. 죄명은 반역죄였다.

당시 반역죄는 남아공 백인 정권의 인종차별정책에 반대한 흑인들에게 내려지는 가혹한 벌이었다. 흑인인권운동에 대한 뼈아픈 대가로 고문과 투옥을 당해야 했다. 푯말이 세워진 이곳은 흑인인권운동사에 있어서 하나의 기념비적인 사적지가 되는 셈이었다. 비록 아무 흔적도 남아 있지 않았지만, 이곳을 지날 때마다 당시의 비참했던 상황과 무시무시했던 인권유린의 과거를 회상하리라.

드라켄스버그
최고의 비경
카테드랄 피크

피터마리츠버그를 지나 리제튼Lidgetton
이라는 작은 마을에 이르렀다. 이곳에는
총가Tsonga라 불리는 피혁 브랜드 숍이
있다. 가게 뒤쪽에서는 현지 여성들이
구두를 손수 만들고 있었다. 알고 보니 이 피혁 회사에서는 수공업을 통해
지역의 불우한 가정의 여성들과 아이들을 돕는 멋진 사역을 하고 있었다.
2003년부터 생겼다는 'The Thread of Hope'라는 농장을 통해 불우한 많은
여성들과 아이들에게 직업 교육을 한다고 하니 기업의 건전한 사회적 기여
가 얼마나 중요한지 깨닫게 되었다.

남아공산 육포(肉脯) 빌통을 맛보다

우리 일행은 한적한 강가에 있는 작은 농장의 레스토랑에서 점심 식사를
했다. 농장에는 말과 가축들이 한가롭게 노닐고 있었다. 강에서 갓 잡아온
송어구이 맛이 일품이었다.

가이드가 남아공 최고의 육포를 맛보게 해 주겠다며 우리를 인근의 빌통
Biltong 숍으로 안내했다. 빌통은 남아공산 육포다. 이 땅에 살던 보어인들이
영국인들의 공격을 피해 도망다니다 개발한 것이라고 한다. 빌통은 소고기뿐
아니라 다양한 야생동물 고기를 건조한 뒤 다양한 양념을 첨가해서 만든다.

▲ 손수 구두를 만들고 있는 여성들 ▼ 카테드랄 피크로 가기 전에 머문 고급 로지의 다이닝 공간

드라켄스버그 최고의 비경 카테드랄 피크

첫날밤은 카테드랄 피크Cathedral Peak에 있는 디디마 캠프 로지Didima Camp Lodge에 머물렀다. 밤늦게 도착하여 다음 날 아침 일어나 주변을 보니 샬레Chalet 형태로 된 각 숙소마다 주변 산세를 조망할 수 있는 멋진 테라스와 풀장을 갖추고 있었다. 평온한 산중턱에 이처럼 그림 같은 숙박 시설이 있으리라곤 미처 생각지 못했다. 내 생애를 통틀어 가장 아름다운 숙소에서 머물렀다.

카테드랄 피크는 3,004m에 달하는 산봉우리다. 이 봉우리는 활모양의 드라켄스버그 산맥 일대에서 가장 북쪽 끝에 있다. 이곳 카테드랄 피크를 시작으로 그 아래 3,065m의 윈저 캐슬 봉우리, 3,374m의 샴페인 캐슬 봉우리, 3,314m의 자이언트 캐슬 봉우리 등이 차례로 철옹성같이 서 있다. 지형적으로나 역사적으로 드라켄스버그 산맥은 그 서편에 자리한 레소토 공화국의 친절한 보호막 역할을 해 오고 있다.

아침에 일어나니 어젯밤 제대로 분간할 수 없었던 주변 지역의 산세가 한눈에 들어왔다. 그야말로 '눈부시다'라고밖에 형용할 수 없는 대자연의 압도적인 경관이었다. 아침 식사를 간단히 마치고 우리는 좀 더 탁 트인 카테드랄 피크 주변의 전경을 볼 수 있는 산중턱으로 올라갔다.

비포장길을 오르는 동안 길 옆에서 잡초를 제거하던 흑인 인부들이 길을 비켜 주었다. 우리가 지나갈 때 휘날리는 흙먼지 세례에도 아랑곳하지 않는 모습이었다. 인부들 중에는 아낙네들도 있었다.

카테드랄 피크 전망대에 다다르자 병풍처럼 이어진 흑갈색 산맥이 웅장한 모습을 드러냈다. 태고의 비경을 숨긴 채 아무 말 없이 서 있는 모습이 전장

아프리카의 보물상자

아름다운 자연경관을 배경으로 한 디디마 캠프 로지

에 나가는 장수의 비장한 마음을 엿보는 듯했다. 사실 한눈에 어느 것이 카테드랄 피크인지 알 수 없어 가이드가 손가락으로 가리켜야 구별할 수 있었다. 카테드랄 피크 옆에는 현무암으로 이루어진 봉우리들이 서로 다른 크기와 형태로 경쟁하듯 자태를 뽐내면서도 제법 질서정연하게 놓여 있었다.

대자연 앞에 내 영혼의 불순물을 내려놓다

주변을 찬찬히 둘러보던 중에 저 멀리 누가 갖다 놓았는지 벤치가 하나 있었다. 도심에서나 볼 수 있는 철제로 만든 벤치였다. 이런 산중턱에는 어울리지 않을 것 같지만 제법 로맨틱한 분위기를 자아내는 영화 속의 장소 같았다. 그곳에 앉아 눈앞에 펼쳐진 비경을 잠시 바라보았다. 이처럼 고고한 풍경이 세상 어디에 또 있을까?

함께 온 폴란드 남자는 카메라를 이리저리 옮겨가며 다양한 앵글을 잡느라 분주했다. 케이프타운에서 온 여성이 뒷산을 배경으로 사진을 찍어 달라고 했다. 나는 사진 몇 장을 찍고 카메라를 내려놓고는 잠시 이 장엄하고도 황량한 풍광 속에 나의 영혼을 잠시 뉘어 보았다. 자연 앞에 선 내 영혼의 불순한 것들을 내려놓기 위함이었다. 이 숭엄한 나만의 의식은 말없이 방문자를 내려다보고 있는 카테드랄 피크 앞에서만 가능한 것이었다.

나는 이 웅혼한 대자연의 파노라마를 바라보며 인간이 감히 넘볼 수 없는 세계가 눈앞에 펼쳐져 있음을 느꼈다. 그리고 그 세계 너머에는 또 다른 우주의 세계가, 그 우주 너머에는 또 다른 절대자의 세계가 존재하리라는 생각에 이르자 나의 영혼은 그 절대자 앞에 고개를 숙일 수밖에 없었다.

카테드랄 피크로 가는 길에서 만난 폭포와 벤치에 앉아 드라켄스버그의 산세를 감상하는 여성.
그리고 남아공 최대 산악지대 드라켄스버그

드라마틱한 고갯길
레소토의
사니 패스

깎아지른 듯한 절벽들을 마주하고 있는 해발 2,873m의 비경길을 올라서면 아프리카의 티벳이라 불리는 레소토Lesotho 공화국에 들어서게 된다. 레소토는 영토의 대부분이 산악지대다. 고산지대에 사는 이곳 사람들은 남아공과는 또 다른 독특한 문화를 가지고 있다. 마치 딴 세상에 와 있는 듯한 몽환적인 풍광은 남아공과는 또 다른 신비로운 매력으로 다가왔다.

낯선 이름 레소토

여기가 어디인가? 나는 지금 인구 210만 명에 불과한 초미니국가 레소토에 와 있다. 이곳에 오기 전 이름도 듣지 못하고 얼굴도 보지 못한 나라다. 얼마 전까지만 해도 남아공 영토 안에 있었는데, 고개 하나 넘으니 전혀 다른 세계였다. 레소토, 그 이름이 범상치 않았다.

산악국가인 레소토는 우리나라 경상도 정도의 크기다. 면적은 3만km²에 불과하다. 남아공으로 둘러싸인 작은 영토이니 나라 안에 나라가 있는 셈이다.

레소토는 예부터 '킹덤 인 더 스카이Kingdom in the Sky'라는 별칭이 있다. 하늘에 맞닿은 곳이란 뜻으로, 그만큼 아프리카에서는 가장 높은 지대에 위치한 나라라는 의미다. 실제로 이 나라의 해발고도는 가장 낮은 지점이 1,000m, 대부분의 면적이 2,000m 이상의 고산지대로 이루어져 있다.

▲ 굽이치는 듯한 사니 패스의 지형   ▼ 굽이굽이 사니 패스의 산길을 오르내리는 차량들

태곳적 풍경을 고스란히 담고 있는 사니 패스

레소토는 남반구에 위치해 있어 한겨울이 6~8월이지만 5월이나 9월에도 기온이 많이 내려간다. 그래서 해발 2,000m를 넘는 고지대에서는 눈이 내리기도 한다. 아프리카에서도 겨울철에 눈을 볼 수 있는 곳. 아프리카에 눈이 온다는 걸 한 번도 상상해 본 적이 없었던 터라, 레소토에 오면 꼭 아프리카의 눈을 손으로 만져보고 싶었다.

험난한 루트를 따라가는 여정

레소토로 들어가는 루트는 여러 가지가 있지만 남아공 동부 산악지역에서 들어가는 길이 가장 인상적이다. 그 이유는 유네스코에서 지정한 세계자연유산인 드라켄스버그의 북부 산악지대를 둘러보고 남부 아프리카 최대의 비경길이라 불리는 사니 패스를 통과하기 때문이다. 사니 패스는 2,873m의 험난한 고갯길이라 일반차량이 아닌 사륜구동형 차량만 운행이 가능하다.

남아공 드라켄스버그에서 사니 패스까지는 얼마 안 되는 거리지만 비포장 도로라 고개를 넘는 데 시간이 좀 걸렸다. 노후된 사륜구동형 차량에 비해 울퉁불퉁한 바위와 큰 돌을 잘도 피해 협곡 길을 헤쳐 나가려면 운전사의 각별한 노련미가 필요하다.

'설마 이러다 낭떠러지 아래로 추락하는 건 아니겠지?'

사니 패스를 넘으며 마음이 콩닥콩닥 뛰기 시작했다.

해발 2,873m의 고갯길을 넘다

고갯길을 오르기 시작할 무렵 멀리 험준한 산자락 사이로 V자형 계곡이 모습을 드러냈다. 푸르스름한 모습이 마치 스코틀랜드 낮은 구릉 지대의 풍광을 떠올리게 했다. 유명세만큼 경관은 드라마틱했다. 드라켄스버그 지대의 비경을 가감 없이 보여 주었기에 여행자들은 차를 잠시 세우고 망원경을 꺼내 먼 산을 바라보거나 카메라 셔터를 누르기에 바빴다. 건조하고 황량한 기암괴석들도 보이고 듬성듬성 자라난 키 작은 초목들도 눈앞에 어른거렸다. 스펙타클한 드라켄스버그의 산세를 바로 밑에서 가깝게 올려다볼 수 있어 황홀하기만 했다.

다시 차에 올라 사니 패스의 최정점을 향해 돌진했다. 한걸음 한걸음 정상에 가까이 갈수록 비장함이 솟구쳐 오르는 것 같았다. 드디어 2,873m라는 숫자가 선명하게 쓰여 있는 정상에 오르니 매서운 찬바람이 콧등을 휘감았다.

"휴우~ 드디어 사니 패스 정상에 올랐구나."

예전에 명성을 들었던 곳이라 감회가 남달랐다. 명성 그대로 정상에서 바라보는 주변 풍광은 마치 아프리카의 지붕을 보는 듯 크고 높은 산봉우리들로 둘러싸인 산세를 적나라하게 보여 주었다.

주변을 한참 두리번거리다 이상한 느낌이 들었다. 사니 패스라는 안내판이 놓인 곳 주변에는 인적이 없었다. 레소토 출입국사무소와 사니톱 샬레라는 여행자 숙박시설 건물만이 보일 뿐이었다.

"이곳에는 사람이 살지 않나요?"

이민국 직원에게 물어보았다.

"조금만 더 내려가면 작은 마을이 있을 겁니다. 그곳에 사람들이 살고 있습니다."

얼른 레소토 사람들을 만나고 싶었다. 이들은 어떻게 생겼을까? 남아공 사람들과 비슷할까? 궁금증이 꼬리에 꼬리를 물었다.

▲ 사니 패스의 정상 고도를 알리는 표지판이 놓여 있다.　▼ 사니 패스의 기암괴석

고산지대
레소토
사람들

모포를 두른 청년을 만나다

레소토 입국수속을 마치고 십여 분 정도 이동하니 작은 집 서너 채가 보였다. 맨 처음 만난 남성의 모습에서 가장 눈길을 끈 것은 차림새였다. 유목민처럼 보이는 그는 담요 같은 모포를 두르고 있었다. 속으로 '추워서 담요를 두르고 있나 보다'라는 생각이 들었다. 지금이 5월이니 남반구인 이곳은 겨울이다. 게다가 해발 3,000m 가까운 고산지대 아닌가. 담요라도 두르고 있어야 추위를 견딜 수 있겠지.

그런데 이번에는 한 청년이 흑갈색 말을 끌고 나타났다. 한 명이 아니었다. 청년 세 명이 꾀죄죄한 모습으로 나타났는데, 예리한 눈빛으로 낯선 이방인을 경계하는 것 같았다. 사니 패스를 함께 넘어온 일행 한 사람이 담요를 두른 그들의 모습을 보고 입가에 엷은 미소를 지었다. 나도 이들의 담요 두른 모습이 다소 우스꽝스럽게 보였다. 하지만 눈인사를 하자 그들의 경계의 눈빛이 순식간에 바뀌었다. 타지에서 온 여행자를 맞이하는 선한 눈빛이 빛나기 시작했다. 그리고 우리는 서로 대화를 나누었다. 분위기가 금세 훈훈해진 것이다.

난방시설이 없는 원추형 가옥

국경 출입국관리소에서 멀지 않은 곳에 있는 아주 작은 마을에는 자연석

모포를 두르고 말을 몰고 있는 레소토 청년들

을 쌓아 만든 원추형 가옥이 몇 채 있었다. 우리 일행을 처음 만났던 청년들의 집이었다. 안으로 들어가 고산지대 사람들의 사는 모습을 살짝 엿보고 싶어 나는 한 청년에게 슬그머니 다가갔다.

"혹시 저 원추형 가옥 안에 들어가 볼 수 있을까요?"

청년은 "노 프라블럼" 하고 말했다. 원추형 가옥에 들어가기 전 '추운 날씨에 난방도 없이 이런 곳에서 어떻게 겨울을 보낼까' 하는 생각이 가장 먼저 머리를 스쳤다. 전기, 난방은 물론 가스조차 없이 21세기 지구 반대편에 이렇게 사는 사람들이 있다는 게 놀라웠다.

가옥은 원룸 형태였다. 넓은 공간에 담요를 두르고 머리에 모자를 쓴 여인

소토족 여성과 단출한 주거공간

이 다소곳이 앉아 있었다. 이 여인은 청년의 엄마인 것 같았다. 그녀 앞에 볏짚으로 만든 식기도구가 놓여 있었다. '저런 식기도구로 어떻게 음식을 해 먹을 수 있을까?' 쉽게 이해가 가지 않았다.

이들의 삶의 지혜는 원추형 가옥 건축법과 볏짚을 이용해 만든 식기도구뿐만 아니라 가축 배설물로 불을 피운다는 사실이다. 잠시 후 여인은 그 연료에 불을 붙여 차 마실 물을 끓였다. 차와 함께 내온 빵도 아마 같은 연료로 만들었을 것이다.

찬바람이 세차게 불어대는 고산지대여서 차는 금세 식어 버렸다. 딱딱한 빵 한 덩어리와 차 한 잔은 이들에게 삶의 에너지를 지탱해 주는 한 끼 식사였다.

사니 패스 정상에 있는
카페에서 일하는 종업원

레소토 사람들은 대부분 부족단위로 고산지대에 모여 산다. 도시 인구는 몇 안 된다. 레소토는 소토족이 사는 땅이란 의미를 지녔다. 레소토의 주요 부족은 바소토Basotho족, 소토Sotho족, 츠와나Tswana족이다. 이들은 농경과 함께 주로 목축업을 하며 살아간다. 이들의 가장 큰 문화적 특징은 바소토 블랑켓Basotho Blanket이라는 담요 같은 모포를 옷처럼 몸에 두르고 살아간다는 점이다. 물론 기후 때문이다. 아프리카 어느 곳에서도 이처럼 모포를 두르고 살아가는 사람들은 없기에 바소토 블랑켓은 이 나라 고유의 문화적 아이템이라 할 수 있다.

▲ 소토족의 현대식 가옥   ▼ 사니 패스 정상에 있는 카페에서 담소를 나누는 여행자들

레소토
산악지대를
횡단하다

사니 패스를 떠나 현지인들의 교통수단인 미니버스를 타면 레소토 북동부에서 가장 큰 타운인 모코틀롱Mokhotlong에 도착하게 된다. 어찌 보면 이곳에서부터 본격적인 레소토 여행이 시작되는 셈이다.

남아공을 떠나 레소토로 들어가는 기분은 마치 타임머신을 타고 현대에서 중세로 들어가는 듯한 느낌이었다. 시간을 넘어서는 여행처럼 여행자의 마음을 들뜨게 해 주는 게 또 있으랴. 무엇보다 도시문명에서 좀 더 토속적이고 전통적인 곳으로 한 걸음 들어선 듯했다.

모코틀롱에서의 하룻밤

사니 패스를 통해 레소토로 들어온 여행자들은 대개 모코틀롱에서 하룻밤을 보낸다. 사니 패스를 넘어 줄곧 3,000m가 넘는 고지대를 달려 도착한 모코틀롱은 마치 고산지대의 오아시스처럼 특별하게 다가왔다. 사실 사니 패스를 넘어 모코틀롱까지 이어진 산악길은 예부터 이곳 사람들에게 '아프리카 경주의 지붕Roof of Africa Ralley'이라고 불렸다. 이처럼 높고 험준한 산악도로는 없다는 뜻인 것 같다.

모코틀롱은 인구가 얼마 안 되는 작은 타운이어서 특별히 눈여겨볼 만한 관광명소는 없다. 하지만 이 작은 타운은 무언가 개척자 시대에 남아 있는 변방 타운의 이미지를 고스란히 간직하고 있는 듯했다. 말을 타고 오가는 사람들의 모습, 바소토 블랑켓을 걸치고 다니는 사람들의 모습 속에서 레소토만의 문화적 매력을 느낄 수 있다.

가이드북을 들여다보니 이 작은 타운에 여행자를 위한 숙소가 몇 군데 있었다. 한 게스트하우스를 찾아갔으나 다른 여행자를 만나지는 못했다. 어차피 다음 날 아침 길을 떠나야 하기에 하룻밤 잠자리를 구하는 것으로 만족해야 했다.

부타부테를 거쳐 마세루로

다음 날 아침 장거리를 뛰는 미니버스에 올랐다. 차량 앞에 Customer Care승객 보호라고 쓰인 낡은 토요타 승합차였다. 외국인인 나를 신기한 듯 쳐다보는 아이들의 모습이 재미있었다. 동양인 남자가 배낭을 메고 버스에 타고 있으니 이만한 구경거리도 없었을 것이다.

아이들의 머리가 모두 빡빡이어서 처음에는 누가 남학생인지 여학생인지 구분이 되지 않았다. 또 하나같이 검정색 아니면 진남색 점퍼나 코트를 입고 있었다. 그런데 자세히 보니 여자아이들은 치마에 스타킹을 신고 있었다. 왜 여자아이들이 남자아이들처럼 머리를 빡빡 밀었는지 모르겠다.

사람들이 다 올라타자 버스기사가 시동을 걸었다. 목적지는 168km 떨어진 부타부테Buthabuthe. 차창 너머로 말을 타고 가는 사람들의 모습이 보였다. 말은 이곳 사람들에게 중요한 자산임을 알 수 있었다.

버스는 한참을 가다 어느 곳에 들러 승객을 더 태웠다. 그런데 그곳에서 재미있는 풍경을 보았다. 작은 건물 전체에 만화 같은 그림이 그려져 있었던

▲ 전 국토가 산악으로 이루어진 레소토　▼ 모코틀롱 거리 풍경

아프리카의 보물상자

것이다. 그리고 그림 속 사람 옆에 현지어로 대화 내용이 적혀 있었다.

알고 보니 정부에서 사람들을 계몽하기 위해 교육 내용을 홍보하거나 선전하기 위한 그림이었다. 건물에 이런 계몽 메시지를 담은 그림을 그려 넣어야 모든 사람들이 보고 이해한다고 생각하는 것 같았다.

레소토 농부에 자리한 모코틀롱에서 레소토 서부에 있는 수도 마세루로 가려면 북부 중앙에 잇는 부타부테를 경유해야 한다. 산악도로가 부타부테를 사이에 두고 마세루와 모코틀롱을 연결하기 때문이다.

부타부테로 가는 길은 드넓은 들판 사이로 난 길을 달리는 여정이었다. 산도 없고 나무 한 그루도 보이지 않았다. 한참을 지나자 바위산이 나타났다. 버스가 서는 곳마다 과일이나 옥수수 따위를 들고 다가오는 행상인들로 붐볐다. 아프리카 어느 곳에서나 볼 수 있는 익숙한 풍경이다.

버스터미널 한켠에 택시가 정차해 있었다. 승객을 모아 장거리를 뛰는 택시들이었다. 부타부테는 별 특징이 없는 타운이었지만, 기암괴석으로 이루어진 바위산이 높게 솟아 있는 광경이 이채로웠다. 나는 이곳에서 다시 버스를 갈아타고 마세루로 향했다.

◀ 구운 옥수수를 파는 어린 소녀와 차량 승객들에게 먹거리를 파는 소녀. 그리고 레소토의 교복을 입은 여학생들

▲ 갓난아기를 안은 채 버스를 타고 가는 여성과 털모자를 쓰고 모포를 두른 남성. 그리고 부타부테의 장거리 택시

모할레 댐
호수에서
순수를 발견하다

부타부테에서 마세루까지는 129km, 미니버스로 세 시간 넘게 걸리는 거리였다. 마세루에 도착해 가장 먼저 찾은 게스트 하우스에서 스위스 여행자를 만나 현지인의 주선으로 택시를 빌려타고 모할레 댐Mohale Dam을 방문하기로 했다.

원추형 전통가옥의 내부를 둘러보다

다음 날 아침 일찍 마세루를 출발했다. 마세루 인근에 사자 얼굴 모양의 바위산을 한참동안 바라보았다. 우리는 먼저 타바 보시우Thaba-Bosiu라는 곳을 지나갔다. 이곳에 원추형 가옥이 인상적인 전통마을에서 민속공연과 다채로운 행사가 열린다고 한다.

나는 우연히 이 원추형 가옥을 방문하게 되었다. 원추형 가옥은 지붕만 지푸라기를 엮어 만들고 건물은 벽돌과 시멘트로 만든 것이었다. 다시 말해 형태만 전통 가옥이었다.

내부 모습이 궁금해 잠깐 둘러봐도 되겠느냐고 하니 집주인이 흔쾌히 보여 주었다. 아담한 공간에 넬슨 만델라 사진이 걸려 있었다. 집주인은 나에게 나무를 깎아 만든 레소토의 전통 악기를 보여 주기도 했다.

마세루에서 남동쪽으로 35km 정도 떨어진 곳에 로마Roma라는 작은 타운이 있는데, 세인트 미카엘 교회 앞을 지나가게 되었다. 교회는 작고 평범했는데 옆에 우뚝 솟아 있는 바위산과 어우러져 신비스러운 비경을 자아냈다.

택시 차창 밖으로 목가적인 낭만이 흐르는 풍경이 펼쳐졌다. 나귀와 소가 풀을 뜯고 있고 차량 운행이 뜸한 도로 위에는 말이 끄는 수레가 달리고 있었다. 시골집에서는 장작불을 피워 연기가 모락모락 피어오르기도 했다.

도로는 굽이치는 파도처럼 지평선을 향해 빨려 들어가는 것만 같았다. 안개 가득한 지평선 너머에는 어떤 풍경이 자리잡고 있는지 짐작할 수가 없었다. 한참을 달리다 다시 가파른 고갯길을 오르기 시작했다. 놀랍게도 길 옆 집들의 지붕에 새하얀 것이 쌓여 있었다. 눈이었다. '야호~' 나는 환호성을 질렀다. 아프리카에서 처음 보는 눈이었다. 고산지대여서 눈이 내려 지붕 위에 새하얀 소금처럼 쌓여 있었다.

피리 부는 소년의 눈망울

모할레 댐에 가까이 갈수록 산세가 더욱 험준했다. 높지는 않았지만 황량한 산들이 마치 예전 스코틀랜드 하일랜드 지방에서 보았던 것과 비슷한 풍광을 떠올리게 했다. 드디어 모할레 댐이 숨은 비경을 드러냈다. 눈이 살포시 덮여 있는 설산들이 근사한 배경이 되어 마치 그림엽서에서나 볼 법한 경치를 자아내고 있었다.

이 댐은 레소토 국민에게 생활용수를 공급하기 위해 센쿠냐네 강Senqunyane River을 막아 2004년에 만들었다. 댐 높이는 145m. 이 댐이 유명한 것은 댐 주변의 기막힌 경치 때문이다. 때묻지 않은 자연이 그대로 보존되어 있어 저절로 감동을 불러일으킨다. 더군다나 크고 작은 산이 겹겹이 오버랩되어 하늘과 호수를 연결해 주고 있다.

▲ 모할레 댐에 의해 형성된 호수 전경   ▼ 말을 타고 산악도로를 달리는 현지인의 모습

모할레 댐 주변에서 만난 피리 부는 소년

모할레 댐 주변을 둘러보고 돌아서는데 도로변에 한 소년이 앉아 있었다. 머리에 긴 비니를 쓰고 손에 피리같이 생긴 악기를 들고 있었다. 목동 같았다. 피리 부는 목동인가? 목동이라면 돌보는 가축은 다 어디로 간 것일까?

소년의 눈망울이 그렇게 순수할 수가 없었다. 산을 넘나들며 피리를 불면서 가축을 돌보는 이 소년의 삶이 호수의 물빛처럼 맑고 투명하게 다가왔다.

남아프리카의
작은 왕국
스와질랜드

스와질랜드는 남아프리카공화국과 모잠비크 사이에 잇는 작은 나라다. 정식 명칭은 스와질랜드 왕국the Kingdom of Swaziland. 1968년 영국으로부터 독립한 후 1986년에 즉위한 음스와티 Mswati 3세 국왕이 현재까지 통치하고 있다.

아프리카 53개국 중 모리셔스, 세이셸과 같은 도서국가를 제외하고 아프리카 내륙국 중에서 감비아 다음으로 국토 면적이 작다. 우리나라 경상북도보다도 작은 17,400km²다. 그리고 수도 음바바네Mbabane와 상업 중심지인 만지니Manzini에 모여 살고 있다.

이 나라 국민은 대부분 스와지Swazi족이다. 그밖에 콰줄루나탈 지방에서도 볼 수 있는 줄루족 등이 살고 있다. 공식 언어는 스와지 언어지만 영어가 널리 통용된다.

안타깝게도 이 나라에서는 에이즈 발생률과 이로 인한 사망률이 다른 나라보다 높다. 그래서 이 나라 사람들의 기대 수명은 32세 정도다. 아파르트헤이트 시대에 스와질랜드는 남아공 사람들에게 카지노와 나이트클럽으로 유명한 여행지였다. 그만큼 쾌락을 쫓는 유흥산업이 크게 발달했던 곳이다.

매년 열리는 성대한 리드 축제
스와질랜드를 방문하기 전에 이 나라의 성대한 국가 행사인 리드 댄스 축제

시기를 확인해 볼 필요가 있다. 리드 댄스는 움랑가Umhlanga 댄스라고도 불린다. 이 축제는 로밤바Lobamba에 있는 이 나라 왕비(또는 국왕의 어머니)의 집을 보수하는 것을 돕기 위해 각 지역에서 모인 결혼 적령기의 젊은 여성들을 위한 일종의 잔치다. 이 축제는 일주일 동안 펼쳐지는데, 로밤바에 도착한 축제 참가 여성들은 첫날 휴식을 취한 뒤 둘째 날부터 왕비의 집을 치장할 갈대를 찾기 위해 넷째 날 밤까지 주변 일대를 돌아다니며 갈대를 모은다. 여섯째 날 여성들이 모아온 갈대를 들고 왕비의 집으로 가면서 리드 댄스갈대춤을 선보인다. 이 춤은 마지막 날인 일곱째 날까지 계속된다.

춤추는 무리 중에 빨간 깃털을 머리에 꼽고 있는 이들은 왕족이나 부족의 공주들이다. 또한 리드 댄스 축제는 스와질랜드 왕의 새로운 후궁을 찾는 일종의 공개 행사이기도 하다. 이 축제는 매년 8월 마지막 주에 로밤바에서 열린다.

스와질랜드의 전통문화를 엿보다

리드 댄스가 아니더라도 연중 내내 스와지족의 전통춤 공연을 볼 수 있는 곳이 있다. 바로 로밤바 인근에 자리한 스와지 컬추럴 빌리지Swazi Cultural Village다. 살아있는 문화마을로 불리는 이곳에서 방문객들에게 스와지족의 전통춤 중 하나인 시바카Sibhaca 공연을 매일 오전 11시 15분과 오후 3시 15분 두 차례 선보인다. 그 외에 스와지족의 전통적인 생활풍습의 일부를 보여 주며 전통 장신구 등을 팔기도 한다. 스와지족의 전통 가옥 내부를 가이드와 함께 둘러볼 수도 있다.

스와지 컬추럴 빌리지에는 울창한 열대우림지대에 자리한 레스토랑에서

▲ 스와지 컬추럴 빌리지의 원추형 가옥　▼ 악단의 연주에 맞춰 합창을 하는 여성들

▲ 스와지 컬추럴 빌리지의 음식과 스와지 컬추럴 빌리지를 안내하는 여성. 그리고 스와지 컬추럴 빌리지의 부엌

자연을 감상하며 식사와 휴식을 즐길 수 있다. 종종 원숭이가 출현하여 남은 음식을 가져가기도 한다. 또 도보로 15분 거리에 있는 만텡가 폭포Mantenga Falls에서 수영과 피크닉을 즐길 수도 있다. 스와지 컬추럴 빌리지는 수도 음바바네에서 미니버스와 택시를 이용해 편리하게 방문할 수 있다.

인구 6만 명의 수도 음바바네

현재 스와질랜드 국왕은 로밤바 인근의 왕궁에 거주하고 있지만 인구 6만 명의 음바바네는 이 나라의 행정수도다. 인구 8만 명을 지닌 상업도시 만지니에 이어 두 번째로 큰 도시다. 음바바네는 여행자들에게 남아공과 모잠비크를 버스로 오가는 교통의 요충지 역할을 할 뿐 아니라 고급 호텔과 레스토랑, 쇼핑몰 등 현대식 편의시설이 있어 스와질랜드 여행의 베이스가 된다. 실제로 이곳에 머물면서 인근의 밀루와네 자연보호구역이나 말로로차 자연보호구역을 쉽게 방문할 수 있다.

음바바네는 이 나라 서부 고원지대 가까이 위치하여 기후가 서늘하다. 이 때문에 19세기 말 무렵 이 나라를 통치하던 영국은 1902년 식민지 본부를 만지니에서 이곳으로 옮기기도 했다.

스와질랜드로 가려면 요하네스버그나 더반의 버스터미널에서 대형 여객버스를 타면 된다. 스와질랜드의 주요 도시와 모잠비크의 수도 마푸토 사이에는 미니버스가 운행된다. 스와질랜드를 방문하기 가장 좋은 시즌은 리드 댄스 축제가 펼쳐지는 8월 말이지만, 겨울에 해당하는 5월부터 8월까지 날씨가 서늘해 여행하기에 좋다. 반면에 12월과 2월 사이 여름에는 한낮 기온이 40도까지 올라가기도 한다.

▲▼ 음바바네 중심가와 거리 풍경

스와질랜드의
자연보호구역

스와질랜드는 매우 삭지만 다재로운 자연환경을 보여 준다. 이 나라 서부는 해발고도 1,500m 이상의 고원지대이고, 동부는 해발고도 300m의 저지대다. 이 때문에 다양한 식생이 분포한다. 서부는 강수량이 많고 기온이 낮은 초원지대다. 이곳에 스와질랜드의 대표적인 야생동물 보호구역인 밀루와네 자연보호지역과 말로로차 자연보호지역이 있다. 동부는 강수량이 적고 기온이 높은 건조한 사바나 지대다.

걸어서 야생동물을 관찰할 수 있는 밀루와네 자연보호구역

이곳은 스와질랜드의 대표적인 관광 명소이자 남아공이나 보츠와나의 유명한 야생동물 보호구역과는 또 다른 독특한 분위기를 지닌 자연공간이다. 밀루와네는 '작은 불꽃'이라는 의미인데, 번개로 인해 발생하는 크고 작은 화재를 연상하여 이러한 이름을 붙였다고 한다. 밀루와네 자연보호구역은 1950년대 테드 레일리Ted Reilly라는 환경보호가에 의해 개인농장으로 조성되었다. 그는 나중에 음카야 야생동물 보호구역Mkhaya Game Reserve을 만들고 흘라네Hlane 왕립국립공원을 창설하였다.

사실 남아공이나 보츠와나, 짐바브웨 등지의 국립공원에 비하면 밀루와네 자연보호구역은 규모도 작고 야생동물 수도 제한적이다. 사자 같은 맹수류도 없다. 하지만 이곳의 가장 큰 특징은 아늑하고 평화로운 야생에서 동물들을 가까이 볼 수 있다는 점이다. 또한 걸어서 야생동물들을 관찰할 수 있다. 나도 이곳 여행자 로지와 관리소 바로 옆에서 유유히 지나가는 얼룩말 무리를 보았다. 이런 분위기 때문에 친밀감을 느끼는 듯하다.

이곳에서 흔히 볼 수 있는 동물은 얼룩말, 기린, 영양류, 악어, 하마와 다양한 조류가 있다. 관리소에서 자전거를 빌려 공원을 둘러보거나 가이드와 함께 걸어 다니는 것도 좋다. 언제 나타날지 모르는 야생동물과의 조우를 상상하며 사파리를 즐길 수 있다는 것만으로도 즐겁고 행복한 일 아닌가.

자전거를 타고 둘러본 말로로차 자연보호구역

말로로차 자연보호구역은 밀루와네보다 훨씬 한가했다. 이 공원의 특징은 높고 낮은 구릉으로 이루어져 있다는 점인데, 자전거를 타고 둘러보면서 높은 구릉을 넘어갈 때는 자전거를 끌고 올라가야만 했다. 때 묻지 않은 자연 그대로 말로로차 자연보호구역은 하나의 거대한 황무지 같았다. 내가 자전거를 타고 언덕을 오르내리며 공원을 둘러볼 때 이 거대한 대지 위에 다른 방문객은 눈에 띄지 않았다.

밀루와네와는 달리 영양류를 제외하고 다른 야생동물도 보지 못했다. 야생동물도 못 만나고 다른 방문객들의 모습도 보이지 않아 무척 쓸쓸했다. 하지만 이 공원의 장점은 자전거 루트 또는 도로 루트가 잘 조성되어 있다는 것이다. 실제로 공원 내에 200km에 달하는 하이킹 코스가 있었다. 기대만큼 야생동물 사파리를 즐기지 못할 수도 있지만 방대한 대자연을 느끼기에는 이만한 곳이 없다.

▲ 여행자 숙박시설이 있는 말로로차 자연보호구역의 전경
▼ 말로로차 자연보호구역에서 발견한 앤틸로프

▲ 자전거를 타고 사파리를 즐길 수 있는 밀루와네 자연보호구역
▼ 밀루와네 자연보호구역에서 만난 워터호그 무리

▲ 원추형 전통가옥으로 만든 여행자 편의시설(밀루와네 자연보호구역)
▼ 밀루와네 자연보호구역에 있는 산장 스타일의 숙박시설

또한 이곳은 다양한 조류들을 관찰하기에 좋은 곳이다. 이 때문에 조류학자들이 즐겨 찾는 곳이기도 하다. 그리고 아프리카 다른 곳에서는 보기 어려운 다채로운 식생이 분포되어 있다.

공원을 나올 때쯤 입구에서 앤틸로프antelope처럼 보이는 영양류를 발견했다. 이 녀석도 예기치 못한 인간과의 조우에 무척 당황한 듯했다. 서로 한참동안 멀뚱멀뚱 바라보다 녀석이 먼저 슬그머니 마른 수풀 너머로 사라졌다.